GEORGES AUBERT

CONSEILLER DU COMMERCE EXTÉRIEUR

Études Financières

1° LE MARCHÉ FINANCIER AMÉRICAIN

Conférence faite le 19 Janvier 1912 à l'École des Sciences politiques à Paris.

Conférence faite à Rio-de-Janeiro le 10 Avril 1912.

2° LE CRÉDIT DU BRÉSIL EN FRANCE ET EN ANGLETERRE

3° QUELQUES RÉFLEXIONS FINANCIÈRES

A LA SUITE D'UN VOYAGE

AU BRÉSIL ET EN RÉPUBLIQUE ARGENTINE

4° LES SPÉCULATIONS DE TERRAINS ET LES PLACEMENTS IMMOBILIERS

A BUENOS-AYRES ET EN RÉPUBLIQUE ARGENTINE

PRIX : 2 FRANCS

CHAQUE ÉTUDE SÉPARÉE : 50 CENTIMES

CHEZ L'AUTEUR

PARIS — 22, PLACE VENDOME, 22 — PARIS

1912

OUVRAGES DU MÊME AUTEUR

chez E. Flammarion

26, Rue Racine — PARIS

L'AFRIQUE DU SUD. — Colonie du Cap; Natal; Orange; Transvaal; Rhodesia; Mozambique. — 1 fort volume in-8° avec 9 cartes et 30 photographies . . . . Prix : broché **7.50**
(Épuisé)

LE TRANSVAAL ET L'ANGLETERRE en Afrique du Sud. — 1 volume in-18 avec cartes et nombreuses photographies. *(5e mille)*. . . Prix **3.50**

À QUOI TIENT L'INFÉRIORITÉ DU COMMERCE FRANÇAIS. Comment y remédier. — 1 volume in-18 jésus. *(4e mille)* . . . . Prix **3.50**
(Épuisé)

LES NOUVELLES AMÉRIQUES. Notes sociales et économiques. — États-Unis; Mexique; Cuba; Colombie; Guatemala; etc. Photographies et carte *(5e mille)* . . . . Prix **4** »
(Épuisé)

ÉTUDES ÉCONOMIQUES. — Le Cuivre et le marché du monde; Les trusts en Angleterre; Le Marché sud-africain; L'Avenir des Valeurs diamantifères; Greater Britain; La Science au vingtième siècle; Les Concessions françaises au Congo; Le Commerce extérieur de l'Allemagne.
1 VOLUME IN-4°. — (Épuisé)

LA CRISE DES DIAMANTS et la DE BEERS. — 1 volume in-8° (mars 1908) . . . . Prix **1** »
(Épuisé)

LE CRÉDIT A L'EXPORTATION et la Banque du Commerce extérieur (janvier 1909). . . . . Prix **1** »

LA FINANCE AMÉRICAINE. — 1 fort volume in-8° avec 20 photographies, tableaux et cartes des chemins de fer américains. Prix : broché **7.50**

POUR PARAITRE PROCHAINEMENT :

RIO DE JANEIRO, BUENOS-AYRES ET L'AMÉRIQUE DU SUD.

EN PRÉPARATION :

LA FINANCE MODERNE. — LA FINANCE ANGLAISE.
— LA FINANCE FRANÇAISE.

A Monsieur

ÉDOUARD FONTAINE DE LAVELEYE

témoignage de particulière estime.

Paris, Septembre 1912.

En présentant ces quelques études aux banquiers et aux économistes, je poursuis uniquement le but que je me suis tracé depuis la publication de mon premier ouvrage, il y a quinze ans, celui de toujours donner, aux personnes qui me font l'honneur de me lire, l'impression de la plus grande impartialité et de la plus parfaite sincérité.

Mon vif désir serait que ma persévérance à travailler dans un but purement français et entièrement désintéressé, me valût, en même temps qu'une grande indulgence pour l'imperfection de mes écrits, un peu de sympathique appréciation pour la continuité de mon effort.

Georges AUBERT

Paris, Septembre 1912.

LE MARCHÉ FINANCIER AMÉRICAIN

CONFÉRENCE

FAITE LE 19 JANVIER 1912

A L'ÉCOLE DES SCIENCES POLITIQUES

A PARIS

SOUS LA PRÉSIDENCE DE

M. Raphael=Georges LÉVY

Discours de M. Raphael=Georges Lévy

Messieurs,

Parmi les marchés financiers du monde, il n'en est guère de plus intéressants à étudier que ceux de l'Amérique, pour une double raison : la première, c'est qu'ils sont encore imparfaitement connus de nous; la seconde, c'est qu'ils sont en voie de développement constant et qu'ils présentent à la vieille Europe non seulement des sujets d'observation, mais des occasions pratiques de placements fructueux. Ici cependant, comme dans tous les organismes en croissance, la maladie est menaçante et l'équilibre aisément rompu ; il est donc indispensable de nous renseigner minutieusement, et de regarder de près. Nous ne pouvons guère y réussir sans examiner sur place les hommes et les choses, sans nous mêler à la vie de ces Américains du Nord, si actifs, si énergiques, si audacieux. C'est ce que M. Aubert a eu le courage de faire, c'est ce qu'il fait pour ainsi dire chaque année. Grâce à ce contact qu'il a pris et qu'il conserve avec New-York, il connaît les ressorts de ce grand marché. Il vous en a parlé avec l'autorité de l'homme qui a vu par lui-même fonctionner le mécanisme qu'il s'est chargé de démonter devant vous et dont il vous a expliqué le jeu et les effets. Pour bien le comprendre, il faut avoir présent à l'esprit le milieu dans lequel est né et a grandi ce marché. Il diffère, sous beaucoup de rapports, des marchés européens, tant par le mode d'opérer qui y est en usage que par la répartition des diverses catégories de titres qui s'y négocient. Alors qu'aux Bourses de Londres, de Berlin, les valeurs étrangères tiennent une place considérable et donnent lieu à des échanges suivis, la cote de New-York ne contient presque que des rentes, des actions et des obligations indigènes. Quelques fonds d'États ou bons des Trésors anglais, japonais, allemand ont trouvé accès dans les portefeuilles américains; mais ils sont en quantités modestes et bien souvent même, après avoir fait une apparition de l'autre côté de l'Atlantique, ils sont revenus, au bout de peu de temps, à leur point d'origine. L'immense majorité, la presque totalité des titres qui alimentent ce gigantesque marché, sont des rentes fédérales, des actions et des obligations de banques, de Compagnies fidéicommissaires, celles qu'on nomme *Trust companies*, des actions et des obligations de valeurs industrielles. Parmi celles-ci, les titres de chemins de fer occupent le premier rang, et avec raison; car il est permis de dire, au point de vue économique, que c'est la voie ferrée qui a fait les États-Unis. Les 400.000 kilomètres de rails qui sillonnent le territoire de la grande République, entre l'Océan et le Pacifique, depuis la frontière mexicaine jusqu'à celle du Canada, ont été le lien grâce auquel les relations entre les divers États qui composent la Confédération sont devenues faciles et fréquentes; ils ont permis de mettre en valeur d'immenses étendues, fertiles au point de vue agricole et fécondes en ressources minières de tout genre. Bien des contrées américaines ont connu la locomotive avant d'avoir des routes carrossables, et aujourd'hui encore beaucoup de points ne communiquent entre eux que par l'intermédiaire du ruban d'acier qui les unit.

Nul ne s'étonnera donc de voir la cote de New-York faire une place hors de pair aux actions et aux obligations des Sociétés qui ont construit et qui exploitent cet immense réseau. On a calculé que les deux tiers environ des transactions quotidiennes portent sur des titres de chemins de fer. Ce total varie entre 300.000 et 2.500.000 titres. Si on ajoute les échanges d'obligations qui s'opèrent à la Bourse et en dehors de la Bourse, dans les bureaux des banquiers et des changeurs, on voit à quel chiffre on arrive pour une seule ville américaine, la métropole financière il est vrai.

Tous les achats et les ventes se font au comptant et doivent être réglés dans la matinée du jour qui suit celui de l'opération. Mais, bien que les opérations à terme, au sens strict, n'existent pas en Amérique, une organisation très simple les a acclimatées et les rend aussi fréquentes qu'en Europe. Les principales banques et les banquiers de New-York sont toujours disposés à faire des avances sur titres, grâce auxquelles les acheteurs qui désirent spéculer sans acquitter le prix de leurs actions peuvent attendre les événements, en versant seulement une faible fraction du prix, qui représente la marge de garantie du prêteur. Ces prêts se font au jour le jour, à vue, **on call**, c'est-à-dire qu'ils sont révocables moyennant vingt-quatre heures de préavis. Depuis une dizaine d'années, l'usage s'est introduit d'en faire à échéance de trois et même de six mois. Des maisons comme Morgan ou d'autres grandes banques consentent ces prêts à des taux plus élevés et moyennant des garanties plus amples ; aussi les cotes des Bourses enregistrent-elles maintenant les taux non seulement de l'argent à vue, mais des prêts à un trimestre et à un semestre de date.

Le *Stock-Exchange* de New-York est une Société particulière, entièrement indépendante du gouvernement fédéral aussi bien que du gouvernement de l'État de New-York et de la municipalité. Les courtiers, qui portent le nom de *stockbrokers*, achètent leurs sièges, dont le prix varie, suivant les époques, entre 20.000 et 100.000 dollars (104.000 et 520.000 francs). On a vu des ventes d'office se faire même au-dessous du premier de ces chiffres en temps de crise, tandis qu'aux époques de prospérité la valeur en quintuplait.

Après New-York, les principales Bourses des États-Unis sont celles de Boston, Philadelphie, Chicago, Baltimore, San Francisco, Saint-Louis, Denver, Nouvelle-Orléans. Ce qui frappe, lorsqu'on examine la cote de l'une quelconque de ces villes, c'est le peu de place qu'y tiennent les fonds d'États, soit indigènes, soit étrangers. Ces derniers sont inscrits en tout petit nombre et ne donnent lieu pour ainsi dire à aucune affaire, même à New-York. Cela s'explique par le fait que les besoins de capitaux sont nombreux de l'autre côté de l'Océan et que la rémunération, sauf en ce qui concerne les placements de tout repos, telles que les obligations de première hypothèque, en est couramment plus élevée qu'en Europe. Ce n'est toutefois pas vrai en ce qui concerne les fonds de la Confédération, actuellement cotés plus haut qu'aucune autre rente publique : il existe un 2 0/0 américain coté au pair. Hâtons-nous d'ajouter que cette cote est quelque peu fictive; les échanges de ces titres sont rares; ils sont pour la plupart enfermés dans les caisses de la Trésorerie de Washington, à laquelle ils ont été remis par les Banques nationales, en couverture de leurs billets. La loi ne permet pas en effet à ces établissements de gager la circulation autrement que par des fonds publics. Comme ceux-ci n'existent qu'en quantités très limitées, — tout le capital de la dette à intérêt des États-Unis n'atteint pas 5 milliards de francs — les demandes dépassent souvent les offres et maintiennent à un niveau artificiel cette rente 2 0/0 : par surcroit, des avantages spéciaux y ont été attachés en ce qui concerne les impôts payés par les banques qui s'en servent comme couverture de leurs billets. La meilleure preuve en est que le 3 0/0 fédéral se négocie à peu près au même prix, entre 101 et 102. Le 4 0/0 remboursable en 1925 s'échange aux environs de 113 (janvier 1912). Ces cours élevés sont dus en première ligne à l'excellence du crédit américain, mais aussi à la modicité de la dette. A d'autres époques, lorsque les États-Unis empruntaient des sommes considérables, ils payaient 6 0/0 à leurs créanciers; mais ils ont appliqué une politique d'amortissement tellement énergique qu'en moins d'une génération, leur dette a été presque entièrement remboursée. Rien de plus naturel dès lors que le haut prix atteint par leurs fonds : il est la récompense d'une sagesse financière exemplaire. La guerre de Cuba, les dépenses du canal de Panama ont amené les Américains à rouvrir le Grand Livre de la dette publique : mais, même après ces emprunts, le total n'en atteint qu'un milliard de dollars, soit 5 milliards de francs, pour une population qui approche de 100 millions d'âmes. Le chiffre correspondant de la dette française devrait être de 2 milliards de francs. On sait qu'il est quinze fois plus élevé.

Ce qui forme l'objet principal des échanges à New-York et dans la plupart des Bourses américaines, ce sont les valeurs de chemin de fer, pour les raisons que nous avons expliquées et sur lesquelles il est inutile de revenir. Il est probable qu'à mesure que les années s'écouleront, les actions de cette catégorie, qui ont donné lieu à d'énormes spéculations, tendront à devenir plus stables et à se classer dans les portefeuilles. On ne verra plus l'action Union Pacific, qui se traînait aux environs de 5 dollars à la fin du xix° siècle, subir des oscillations comme celles qui la portèrent à 220 en 1906, la firent retomber aux environs de 100 lors de la crise de 1907 et la ramenèrent ensuite au cours actuel de 165. Les réseaux ne subissent plus les transformations violentes et profondes qui résultèrent pendant nombre d'années, d'une part, du développement vertigineux de la contrée, d'autre part de combinaisons financières qui réunissaient des milliers de kilo-mètres sous le contrôle d'une direction unique et augmentaient ainsi les éléments de prospérité de l'entreprise.

Aujourd'hui le pays, tout en étant encore en progrès, marche à pas moins rapides qu'il y a vingt ans. La législation hostile aux trusts empêche toute extension nouvelle des « systèmes » existants et arrivera peut-être à en briser quelques-uns. Toutefois, en ce moment, l'effort des adversaires des grandes combinaisons paraît plus spécialement dirigé contre celles qui ont pour objet de mo-nopoliser certaines industries ou certains commerces, plutôt que contre les Compagnies de chemins de fer. Ces dernières entreprises sont entrées, au point de vue financier tout au moins, dans une ère de calme qui contraste avec l'agitation extraordinaire de la période de début.

Cependant, il ne faut pas croire que les pouvoirs publics cessent de s'en occuper. En 1910, le président Taft avait nommé une Commission chargée d'élucider la question des valeurs de chemins de fer. Elle a publié en décembre 1911 son rapport, dans lequel elle semble préparer les voies à une extension de législation fédé-rale sur la matière, tout en reconnaissant qu'il faut se garder d'aller trop vite, de peur que les lois fédérales, venant se super-poser à celles des États particuliers, n'augmentent la confusion au lieu d'y porter remède (1).

Le marché américain est en ce moment dominé par la cam-

---

(1) Voir *Financial Chronicle*, 16 décembre 1911.

pagne que mène, avec une ténacité singulière, contre les trusts, le président Taft. Son message du mois de décembre 1911 est entièrement consacré à cette question. Il insiste sur le fait que, selon lui, l'opinion publique s'est de plus en plus prononcée contre les trusts, que la législation *anti-trust*, que l'on tournait d'abord en dérision, est devenue peu à peu une arme efficace entre les mains du pouvoir exécutif, qui a mis en mouvement le judiciaire et a obtenu la dissolution de quelques-unes des principales ententes, en premier lieu du *Standard Oil* et du *Tobacco Trust*. Ces deux Sociétés ont été obligées d'entrer en liquidation, et des mesures sévères ont été prises afin qu'elles ne pussent ni directement, ni indirectement reconstituer l'agrégat qu'elles formaient. Le trust du tabac a été brisé en quatorze Compagnies, dont les unes sont la reconstitution d'anciennes Sociétés existant avant la formation du trust et les autres de nouvelles créations, ordonnées par la Cour. Toutes les parties qui ont comparu au procès ont reçu défense à perpétuité de tenter aucune combinaison tendant à unir les tronçons épars. Il est défendu aux diverses Sociétés d'acquérir des titres des autres. Il leur est interdit d'avoir des administrateurs communs, des employés communs, de se prêter mutuellement de l'argent. Les vingt-neuf personnes qui étaient poursuivies ne pourront, pendant trois ans, acquérir plus de titres des Compagnies en cause qu'ils n'en possèdent. Le Président Taft voudrait une législation fédérale sur les Sociétés, qui, selon lui, éviterait beaucoup des difficultés actuelles, dues au fait que ce sont les États particuliers qui légifèrent sur la matière.

Il est difficile de prévoir quel sera le résultat final de cette campagne. En tout cas, il est certain qu'elle a arrêté net le mouvement qui aurait pu fortifier encore les grandes organisations existantes et entraînait de plus en plus l'industrie dans la voie de la concentration. Celle-ci répond d'ailleurs bien à l'esprit des Américains qui manient ces marchés, qui fondent et dirigent les vastes entreprises dont les titres donnent lieu à tant de transactions, qui déploient la merveilleuse activité que nous voyons se manifester avec tant d'éclat.

Il n'est pas aisé pour nous de pénétrer dans l'âme américaine. Si beaucoup de jeunes Français savent l'anglais, le nombre de ceux qui se rendent aux États-Unis est encore limité. D'autre part, les Américains parlent rarement notre langue, ou n'en ont qu'une connaissance rudimentaire, qui ne facilite pas les échanges d'idées.

Ceux d'entre eux qui viennent séjourner parmi nous, cherchent à se délasser de leur rude labeur et ne nous donnent guère occasion de les voir à l'œuvre. Or, c'est en plein travail qu'il faut les regarder, lorsque, munis de tous les instruments que la civilisation met à leur disposition pour simplifier et accélérer l'ouvrage, ils s'appliquent à la poursuite du but qu'ils se sont assigné. Ils témoignent alors d'une faculté de concentration, d'une acuité de vision extraordinaire, et l'on comprend les succès qu'ils obtiennent en devinant l'effort de pensée auquel ils se livrent pour embrasser tous les côtés du problème qu'ils cherchent à résoudre. La ténacité est un des traits de leur caractère, un de ceux auxquels ils doivené leurs étonnants succès. Aussi bien Edison dans la poursuite de ses découvertes, que Morgan ou Rockfeller, dans la recherche des moyens de développer et de consolider leur œuvre financière ou industrielle, ont déployé, au plus haut degré, cette qualité maîtresse.

On a parfois accusé les Américains d'être des joueurs. Je ne crois pas que ce soit là le côté distinctif de leur mentalité. Ils sont audacieux, entreprenants; ils ont surtout une puissance de conception remarquable, qui leur a permis de mettre sur pied et de mener à bonne fin des combinaisons dont la grandeur eût fait reculer la plupart des hommes d'affaires européens. La forme favorite sous laquelle l'Américain envisage la constitution d'un commerce ou d'une industrie est celle du *trust*, c'est-à-dire d'une vaste organisation, dans laquelle entrent, autant que possible, la totalité ou la majorité des entreprises similaires. Cette réunion dans une même main, sous une direction unique, des éléments de la production ou de la distribution, parfois des deux ensemble d'une même nature d'objets, plaît à cet esprit organisateur. Il y voit le moyen de s'enrichir plus vite : mais il n'ignore pas que, de nos jours, l'opinion publique se révolterait contre des prix excessifs imposés par un monopole de fait constitué en faveur d'une Société ou d'un particulier : aussi s'efforce-t-il d'user de sa puissance pour améliorer les conditions de l'exploitation, de façon à abaisser le prix tout en se réservant une marge de bénéfice. Il se contente d'un écart d'autant plus faible entre le prix de revient et le prix de vente que ses opérations portent sur des quantités plus considérables.

Il faut donc se garder de croire que les trusts aient pour conséquence inévitable un renchérissement de la vie. Si beaucoup d'entre eux usent de leur puissance pour élever les prix, c'est parce que les tarifs douaniers sont très élevés aux États-Unis : c'est là, beaucoup plus que dans l'organisation industrielle, qu'il faut chercher la cause d'un phénomène auquel le législateur voudrait remédier. C'est du reste une question qui est à l'ordre du jour à Washington en même temps que la première : des abaissements de droits d'importation ont déjà été décrétés et seront vraisemblablement suivis de plusieurs autres. Si l'élection de 1912 envoyait à la Maison Blanche un président démocrate, nous verrions s'accélérer encore le mouvement. Il ne nous paraît d'ailleurs pas de nature à porter atteinte à la prospérité du pays : celle-ci repose sur des bases trop solides pour redouter la concurrence étrangère.

Nous croyons au contraire que l'introduction d'un régime moins éloigné du libre-échange que le système actuel ne ferait que développer les transactions internationales et stimuler l'activité créatrice des États-Unis.

Ceux-ci peuvent envisager l'avenir avec confiance : leurs marchés financiers changeront peut-être d'allure, connaîtront de moins en moins les sautes violentes par lesquelles ils ont passé à mainte reprise, mais deviendront de plus en plus solides. Ils feront une place grandissante aux valeurs à revenu fixe, répondant aux désirs de placement qui se répandront dans des couches de plus en plus profondes de la population. Depuis le commencement du xxᵉ siècle, on a déjà remarqué que les titres de certaines entreprises, jadis concentrés dans un petit nombre de mains, se dispersaient dans les mille canaux de la petite clientèle. L'esprit d'épargne, si puissant chez plusieurs nations européennes, s'infiltrera à son tour chez les travailleurs américains et modifiera peu à peu l'allure des marchés financiers. Mais jusqu'à ce que cette évolution soit accomplie, nous assisterons vraisemblablement à des péripéties, au cours desquelles il fera bon d'avoir présentes à l'esprit les leçons du passé, afin de bien juger les événements d'outre-Atlantique et d'agir en conséquence.

En tout cas, il est extrèmement intéressant pour nous de nous éclairer sur ce qui se passe à New-York et d'apprendre à connaître cette place. Nos capitalistes ont commencé à y placer des fonds : mais ils l'ont fait timidement, incomplètement, et surtout sans coordonner leurs efforts, sans chercher à s'assurer une influence légitime dans la direction des affaires qu'ils ont commanditées. Ils se sont d'abord servis du détour de Londres et ils ont opéré leurs achats de valeurs américaines par l'intermédiaire des courtiers et des banquiers anglais, auxquels ils ont procuré ainsi des bénéfices considérables, dont l'économie eût aisément pu être faite. Puis, lorsque des établissements de crédit français se sont décidés à intervenir, ils ont certainement fait un choix judicieux de titres recommandables, mais ils les ont payés à des prix représentant des taux de capitalisation bien favorables pour les vendeurs, et très différents parfois de ceux qui étaient en vigueur pour des valeurs similaires de l'autre côté de l'Océan. Là, comme ailleurs, il faut que nos jeunes gens aient le courage de s'expatrier pendant quelque temps et d'aller se mêler à la direction des Sociétés dans lesquelles nous voulons prendre une part. C'est ainsi qu'agissent les Américains du Nord quand ils s'occupent de banques, d'industries, d'entreprises étrangères, par exemple dans l'Amérique du Sud. Ils prennent en mains la gestion ; ils installent leurs directeurs, leurs fondés de pouvoirs, leurs employés, et font ainsi prévaloir les idées et suivre les ordres de ceux qui fournissent le capital et qui entendent être les maîtres. Imitons-les : chaque fois que nous souscrivons des titres d'une entreprise, exigeons un certain nombre de places d'administrateurs qui offrent à nos compatriotes des débouchés intéressants et qui nous garantissent la surveillance effective de nos capitaux. Nous avons une force financière qui rayonne dans le monde; cherchons à l'utiliser de la façon la plus profitable à notre pays et à nous-mêmes. La première condition à remplir pour cela est de connaître d'une façon complète et exacte les marchés étrangers sur lesquels nous sommes appelés à opérer. Cette soirée consacrée aux États-Unis a marqué la première étape de la voie que nous nous sommes tracée pour cet hiver : nous avons le sentiment que notre programme répond à un véritable besoin ; nous avons la confiance que nos brillants conférenciers le rempliront à la satisfaction de leur auditoire et de la Société qui a eu la bonne fortune de s'assurer leur collaboration. *(Vifs applaudissements.)*

Conférence de M. Georges AUBERT

Mesdames, Monsieur l'Ambassadeur, Messieurs,

Je ne pensais pas, en publiant, il y a près de deux ans, mon livre sur la Finance Américaine, que cette modeste étude me vaudrait l'honneur immérité d'être chargé ce soir de parler du marché américain devant Son Excellence M. l'Ambassadeur des États-Unis en France, sous la présidence de l'éminent économiste qu'est M. Raphael-Georges Lévy, et devant un auditoire plus que qualifié pour relever les inexactitudes et les erreurs nombreuses que je puis commettre.

Mais, justement parce que vous êtes compétents et instruits des choses d'Amérique, vous voudrez bien me témoigner une grande bienveillance un peu méritée en face de la tâche extrêmement périlleuse que j'assume.

Non pas que la Finance Américaine soit difficile à expliquer et à comprendre; à mon avis, elle est plus facile à concevoir que toute autre finance européenne.

Mais elle atteint de si vastes proportions, des chiffres si colossaux, elle a une influence si considérable sur les marchés financiers du monde, que celui qui l'étudie, et qui, surtout veut en parler, a peur d'être taxé d'exagération, que l'optimisme forcé qui le gagne est presque toujours discuté, et qu'un orateur sérieux voulant parler de choses sérieuses, risque fort, à la fin de sa conférence, de n'être pas pris au sérieux. Et voilà pourquoi, Messieurs, j'ai un peu peur...

Le marché financier américain est, comme vous le savez tous, par excellence, le marché de New-York. C'est cette ville qui commande à tous les États de l'Union, qui règle toutes les Bourses financières des États-Unis. New-York contrôle même la presque totalité des marchés commerciaux, à l'exception du marché du blé, régi par Chicago. Même le coton, dont les grands marchés sont ceux de New-Orléans, de Memphis, de Galveston, est souvent le roi de la Bourse de New-York, et les grands brokers exécutent aussi bien les ordres en valeurs de chemins de fer, Steel, Amalgamated, etc., qu'un ordre de 1.000 ou de 10.000 balles de coton.

Boston a conservé néanmoins une spécialité pour le marché des mines de cuivre. San Francisco et Denver ont des Bourses animées pour les valeurs d'or et d'argent de la Californie, du Colorado et de la Nevada. Mais toutes les valeurs un peu importantes de ces groupes, passent rapidement au Curb Market de New-York, dont je vous entretiendrai tout à l'heure.

Avant d'absorber directement le sujet qui nous occupe, il est utile de dire en quelques mots, ce que sont maintenant les États-Unis et ce que sont les Américains ; on pourra ensuite mieux se rendre compte de l'adaptation de la finance américaine au pays et à ses habitants.

Les États-Unis sont, depuis leur origine, dans une période de croissance continue. Celle-ci n'est pas près de s'arrêter, loin de là. Seules, des crises économiques ou financières, comme il s'en est produit trop souvent, et comme il s'en produira probablement encore, sont capables de paralyser pendant quelques mois, quelques années peut-être, la poussée de la sève américaine.

Mais aussitôt que les circonstances favorables réapparaissent, la croissance fait de tels bonds qu'elle rattrape largement les retards et le temps perdu.

Deux causes primordiales pour cette perpétuelle augmentation de richesses :

D'abord, fertilité générale considérable, d'où découlent production, industrie, commerce ; puis augmentation incessante de la population qui s'accroît maintenant d'environ un million d'habitants par an.

A l'heure actuelle, cent millions d'Américains, tous travailleurs et énergiques, peuplent un pays capable, dans cinquante ou soixante ans, d'en nourrir peut-être encore cent autres millions.

Les États-Unis sont le pays le plus riche du monde, j'entends au point de vue général.

Ils produisent annuellement des récoltes et des produits divers naturels, pour la somme énorme de quarante-cinq milliards de francs.

La récolte du blé dépasse trois milliards, celle du maïs dépasse huit milliards, celle du coton, en 1910, a été de cinq milliards.

Nos récoltes françaises de vin, de blé font, à côté, petite figure.

Un seul article de grande consommation manque aux États-Unis, la laine. Les États-Unis en importent, à l'état brut, pour plus d'un demi-milliard de francs par an.

Pour tous les autres grands articles mondiaux, tel que le cuivre, la houille, le fer, le blé, le coton, le bois, le maïs, le pétrole, les États-Unis récoltent ou produisent le quart ou la moitié de tout ce qui est produit dans le monde entier.

Cette trop rapide énumération permet de concevoir néanmoins quelle formidable richesse économique annuelle se répartit sur cette agglomération de cent millions d'individus.

Tous participent directement à cette manne bienfaisante, du plus petit cultivateur, du plus humble nègre de Georgie au tout-puissant banquier de New-York.

Quels cataclysmes, quelles catastrophes de longue durée et irrémédiables, pourraient donc se produire aux États-Unis et arrêter ce brillant essor ?

A part une crise financière toujours possible, je ne vois aucunes causes d'alarmes.

Une mauvaise récolte ne peut être absolument générale; s'il n'y a pas de blé, le maïs ou le coton peuvent être abondants.

Peut-être les prix d'un produit seront en baisse, par contre, il y aura la quantité; quelquefois même, il y aura la hausse et la quantité, comme cela s'est produit sur le blé, l'an passé.

Il y a dix ans, il y a vingt ans, l'influence des récoltes, surtout de celles du blé et du maïs, était formelle, et les trois ou quatre crises financières, précédant celle de 1907, eurent toutes comme cause directe une ou deux mauvaises récoltes.

Mais depuis, la diversité même des productions agricoles, l'énorme accroissement des surfaces ensemencées, le nombre considérable d'immigrants agriculteurs, eurent pour effet certain, immédiat, une stabilisation plus accentuée des produits de l'agriculture, et il est maintenant admis qu'une crise économique importante n'est pas à prévoir, du fait de mauvaises récoltes.

Bien entendu si, deux ou trois années de suite, les États-Unis avaient la malchance de voir leurs productions agricoles complètement compromises, en fort déficit, avec des prix très bas, la situation deviendrait tout à fait sérieuse et pourrait avoir sur les marchés financiers les plus terribles conséquences.

Il est, en effet, indispensable de se rappeler que, encore pour quelques années, les États-Unis doivent avoir une très forte balance exportatrice en leur faveur; si, pendant plusieurs exercices continus, la valeur des importations devait dépasser sensiblement celle des exportations, les disponibilités ne seraient pas suffisantes pour faire bonne figure devant les pays créanciers, c'est-à-dire devant l'Europe et devant les énormes mouvements financiers qui découlent des échanges journaliers aux États-Unis.

Mais, à mon avis, cette perspective n'est pas à craindre, car, je le répète, il faudrait au moins trois années consécutives de mauvaises récoltes, en blé, en maïs, en coton, pour préparer cette dangereuse situation.

Je ne parle pas des productions industrielles et cela à dessein. Elles sont, en effet, absolument variables et proportionnelles à la richesse publique; l'extraction des minerais, de la houille, du cuivre, du pétrole, la fabrication de l'acier, de la fonte et du fer, et l'existence de centaines d'autres industries, sont toutes en harmonie directe avec les besoins du pays, et ces besoins sont, tout d'abord et presque uniquement, délimités par la richesse agricole, celle des troupeaux, celle de tous les produits naturels.

Les chiffres de toutes ces productions, de toutes ces industries, sont colossaux. Ils se totalisent, aux États-Unis, par centaines de milliards et constituent la totalité de la fortune publique.

Cette fortune publique américaine, a, du reste, été évaluée à diverses reprises par le Gouvernement lui-même, et quiconque connaît tant soit peu les remarquables travaux des Services Statistiques aux États-Unis, peut être assuré de l'authenticité des chiffres.

Cette fortune, comprenant les terrains urbains, agricoles, les constructions, usines et autres, les chemins de fer, les valeurs mobilières, etc., est évaluée à plus de 600 milliards de francs.

Celle de la France ne dépasse guère 200 milliards!!!

La fortune américaine augmente de 25 milliards par an, celle de la France augmente seulement d'environ 3 milliards par an.

Il y a, aux États-Unis, plus de 6.000 millionnaires *en dollars*, c'est-à-dire ayant plus de 5 millions de francs; en France, il n'y a pas 6.000 millionnaires *en francs*.

Sur les 25 milliards d'augmentation annuelle de richesse, on estime que 10 milliards sont employés en achats de terrains et en constructions d'immeubles; environ 5 milliards sont placés en fonds d'États, emprunts de villes et autres, et enfin les derniers cinq autres milliards vont aux entreprises commerciales, industrielles, voyages, dépenses de confort, etc.

Les Français économisent sou à sou, le paysan meurt à la peine, ayant toute sa vie connu et vécu la vie de privations et d'économie. Aux États-Unis, le citoyen vit aussi confortablement que possible, ne se prive de rien, remplace l'avenir par une assurance. La consommation effrayante des automobiles qui se fabriquent maintenant en Amérique, sur la base de 200.000 par an, est un signe manifeste de ce besoin de confort.

J'ai essayé de dire, en quelques mots, la fortune américaine. Les chiffres paraissent stupéfiants, ils sont néanmoins exacts. Ils donnent surtout à penser que rien ne semble pouvoir arrêter cet accroissement prodigieux et régulier, et, par conséquent, le moment viendra où, d'emprunteurs, nos amis américains deviendront prêteurs; où l'Europe aura besoin d'eux, où, en tout cas, les trouvera sur son chemin, dans toutes les opérations financières et de crédit, à faire au monde entier.

Enfin, pour terminer cette trop rapide analyse de la fortune américaine, permettez-moi de signaler un fait économique qui me paraît d'une grande importance.

Aux États-Unis, la dette totale se monte à environ 5 milliards de francs dont une grande partie est représentée par l'actif tout entier du canal de Panama. Cette dette est donc insignifiante par rapport au nombre d'habitants.

En Europe, et principalement en France, les dettes nationales sont énormes et sont une charge formidable pour les budgets, d'abord, pour les peuples producteurs, ensuite.

Par exemple, si les Français avaient comme capital effectif et de roulement, 20 ou 25 milliards sur les 33 qui forment notre dette publique, que de bouleversements dans la finance mondiale, dans les entreprises, dans les échanges, ce capital énorme n'aurait-il pas produits?

Je veux simplement indiquer ce fait, parce qu'il me semble être à notre préjudice et, au contraire, au grand avantage des Américains, une des causes principales de l'expansion gigantesque de ce dernier pays, où toutes les forces vives, créatrices, productives d'une nation, sont aidées par un capital immense, tandis qu'en France, au contraire, un capital semblable est immobilisé et représenté par des charges de guerres ou autres, datant de plusieurs générations.

Nous venons de voir la maison et le terrain; voyons maintenant l'habitant et l'ouvrier.

Race merveilleuse, la race américaine n'a pas d'égale dans le monde. Elle est formée de l'ensemble des races européennes, les meilleures, les plus fortes, les plus intelligentes.

L'origine d'abord; les Hollandais, les Anglais qui fondèrent la nouvelle Angleterre, puis les Français, qui vinrent, en si grand nombre, verser leur sang pour leurs amis américains, au moment des guerres de l'Indépendance.

Ensuite, vint la période du peuplement, où surtout les Irlandais, les Écossais et les Anglais apparurent; ensuite les Anglo-Saxons du Nord de l'Europe, Danois, Suédois, Norvégiens.

Jusqu'en 1850, la race américaine se trouvait en contact constant avec les représentants de ces diverses nations, tous gens énergiques, audacieux, travailleurs.

Ensuite, les découvertes de Californie amenèrent les éléments allemands, autrichiens, russes, italiens : ceux-ci firent souche rapidement et contribuèrent largement à l'expansion commerciale et agricole du pays.

Ce n'est que beaucoup plus tard, depuis vingt ans au maximum, que l'immigration devient moins bonne et que des éléments « undesirable » s'y introduisirent par le fait d'établissement d'agences plus ou moins interlopes qui pompent l'émigrant en Pologne, Silésie, Roumanie, Italie, Sicile, etc., quelle que soit sa valeur personnelle, et l'envoient à New-York, et cela en telle quantité, et avec si peu de qualité, que le Gouvernement est obligé de prendre des mesures presque prohibitives.

Une Commission de sénateurs vient justement de terminer un travail des plus importants à ce sujet, en proposant diverses mesures au Congrès, propres à restreindre l'immigration dans de très fortes proportions, en n'acceptant que réellement les hommes utiles, apportant ou pouvant créer une richesse au pays.

Donc, en négligeant ce dernier afflux des vingt ans qui s'écoulent, puisque cette masse d'immigrants n'a pu encore faire souche, nous avons sous les yeux la vraie race américaine, qui, au moral comme au physique, a pris toutes les meilleures qualités, les points les plus avantageux, pour former maintenant un tout homogène, admirablement dressé et élevé pour la lutte pour la vie.

L'Américain a donc créé un caractère; il emprunte aux Français l'intelligence vive, la faculté d'assimilation, la souplesse dans la discussion; aux Anglais, il a pris le sérieux, le réfléchi, et l'audace: aux Hollandais, aux races allemandes, et aux races du Nord, il a pris la fermeté, la persévérance, le travail.

Il est donc presque parfait, ce caractère américain. Il est cependant peut-être juste de dire qu'il n'a pas, dans les affaires, la même rigidité de principes de nos peuples européens, non pas certes, par défaut d'honnêteté, mais parce que l'Américain considère une opération d'affaires comme une bataille, où tous les moyens les plus violents peuvent être employés, si la victoire doit être le prix de l'effort.

Armé de toutes ces qualités morales, développées encore par une instruction pratique et toute moderne, affranchi de toutes les préoccupations ancestrales de nos races européennes appauvries, l'Américain est formidablement armé pour la vie. Il a en outre la joie de se sentir le citoyen le plus libre du monde, de vivre dans un pays où tout le monde est heureux de vivre, où les citoyens ne se dénigrent pas les uns les autres, où la prospérité est constante, perpétuelle, où les affaires nouvelles surgissent chaque jour dans chaque endroit donnant des occupations, du travail, du profit à tous. Comment, dans ces conditions, l'homme ne doit-il pas être optimiste, puisqu'il voit toujours le succès autour de lui et qu'il sait bien que, si, quelquefois, il tombe une averse, bientôt le soleil luira de plus belle.

Il ne faut donc pas s'étonner de voir tout le peuple américain pousser à la roue d'un même et gigantesque effort. Sa foi dans la bannière étoilée est immense, son amour du pays et de ses concitoyens est infini.

Aussi les entreprises nouvelles jaillissent, les usines se créent, les terres se peuplent et se défrichent, les villes surgissent et tout cela avec une rapidité inouïe; en dix ans, une ville passe de 3.000 à 30.000 habitants, tandis qu'en France une ville de 3.000 habitants, au bout de dix ans, en comptera peut-être 50 de plus... ou de moins.

Messieurs, je me suis laissé aller à parler peut-être un peu trop longuement des États-Unis et du peuple américain, et ce, au détriment de mon sujet purement financier. Mais je dois dire, pour mon excuse, que cette rapide étude et que ce panégyrique me paraissent indispensables pour bien concevoir et examiner la Finance Américaine, qui marche à l'unisson avec le pays et avec le peuple, s'est adaptée à ses besoins et à son caractère, a enfin ses mêmes qualités et ses mêmes défauts, auxquels il faut ajouter un autre défaut, éminemment d'ordre financier celui-là, l'abus de la spéculation, cause presque fondamentale des crises américaines.

I. — LE MARCHÉ FINANCIER

ou, comme je l'appelle dans mon livre, la Finance Américaine, se divise en plusieurs parties :

1° La plus nécessaire, la clientèle ;

2° Les banques ;

3° Les trusts industriels et financiers ;

4° Les banquiers promoteurs et brokers.

1° La Clientèle

Je viens de vous dire que les Américains sont extrêmement spéculateurs, plus que tout autre peuple, à l'exception, toutefois, des Anglais, qui, en outre, sont joueurs, c'est-à-dire parient pile ou face pour le plaisir de jouer.

L'Américain spécule parce qu'il veut gagner vite, très vite, et beaucoup d'argent. Il a sous les yeux des exemples constants de grandes, d'immenses fortunes faites en peu d'années. Il sait que les Rois de l'or, les Gould, Rockefeller, Carnegie, Harriman, et tant d'autres, sont partis de presque rien... Pourquoi, lui, n'en ferait-il pas autant ? Il a vu le cours des valeurs monter à des hauteurs insoupçonnées, des propriétaires de terrains de pétrole ou miniers, ou d'agriculture, gagner mille pour cent en quelques années ; bref, il essaie toujours et sans cesse. S'il culbute, s'il saute, s'il se ruine, il recommence avec une inlassable énergie, jusqu'au jour où il saisit la chance et fait à son tour sa fortune.

Il est donc le client parfait, qu'on n'a pas à rechercher mais plutôt à modérer. Il n'a pas, comme le Français, le souci de ne s'occuper que de sa propre affaire, de la gérer et de la surveiller à l'exclusion de toute autre. Non, il prendra un intérêt ou un risque dans beaucoup d'autres entreprises et spéculera surtout sur les choses faciles, c'est-à-dire sur les valeurs de Bourse, ou sur les marchés du blé, du coton, du café, etc.

2° Les Banques

Pour cette clientèle si remarquablement préparée naturellement, une foule d'organisations tentatrices se sont créées et multipliées. Toutes ayant pour but, bien entendu, de prendre un bénéfice en faisant travailler le public, soit par spéculation ou placements, soit en sollicitant ses dépôts que les Banques se chargent elles-mêmes de faire fructifier.

Les Banques jouent donc un rôle très considérable aux États-Unis ; on en compte plus de 25.000. En France, on en compte tout au plus 4.000, et encore en y comprenant les soi-disant banquiers, démarcheurs ou courtiers, qui figurent dans les annuaires.

Bien entendu, ces 25.000 Banques ne sont pas toutes riches, puissantes ou sérieuses.

Laissant de côté les premiers et anciens établissements de chaque région et de chaque ville, nous verrons que les nouvelles Banques poussent comme des champignons dans tous les endroits nouveaux ; en même temps qu'on bâtit une première église, qu'on imprime un journal, une ou deux Banques s'installent, au capital de 100.000, 200.000, 500.000 dollars, capital presque toujours de façade, car la loi américaine, comme on le sait, n'impose aucun versement à la constitution d'une Société.

Le plus souvent, les seuls capitaux d'une Banque, à l'origine, sont ceux des déposants, sollicités avec ardeur, amabilité et adresse, par les officers, c'est-à-dire par les Administrateurs. Le grand point, le principal travail consiste à faire rentrer des fonds en caisse, auxquels on ne paie pas d'intérêt, tout au moins sur ceux déposés à vue.

Avec ces capitaux, qui se constituent par les dépôts de tous les nouveaux arrivants dans le pays, la Banque fait alors ses premières opérations, prête à gros intérêts, spécule sur des terrains ou sur des valeurs, place des titres, etc. Et par le même fait que j'ai déjà signalé, la prospérité générale du pays, il arrive très souvent et presque toujours que ces banques réussissent, paient bien régulièrement les intérêts à leurs dépositaires, les remboursent même et peuvent enfin montrer à leurs actionnaires un bénéfice d'autant plus important et un pourcentage de profits d'autant plus magnifique que le capital initial ou appelé a presque toujours été très faible.

Les Directeurs de toutes ces Banques ne dédaignent aucune publicité, leur portrait, leurs vertus techniques, civiles et familiales sont exposés tout au long dans les journaux locaux, et leur recherche constante est de faire connaître la Banque, en exposer les avantages et les conditions par tous les moyens possibles.

L'ensemble de toutes ces institutions ne peut être comparé à notre système français. Les Banques américaines sont d'autre part beaucoup moins utiles au commerce que le sont en Angleterre, les banques anglaises : elles n'ont pas encore organisé d'une manière sérieuse et complète les opérations d'escompte dans le commerce et dans l'industrie. Du reste, le système de tirages à trente jours ou à trois mois, si généralement usité en France, est presque inconnu aux États-Unis où tous les règlements se font par chèques.

Les banques de placement proprement dites, comme elles existent si nombreuses en France, n'existent pas aux États-Unis; cependant, ces dernières années, des changements importants ont été faits dans cette direction, et les grandes banques, comme la National City Bank et la First National Bank, par exemple, ont tout un système d'agences, de filiales et de correspondants, qui se partagent les émissions, comme le font en France les établissements de crédit.

Les Banques américaines sont divisées en quatre groupes :

1° Les Banques Nationales ;

2° Les Banques d'État ;

3° Les Banques d'Épargne ;

4° Les Trusts Compagnies.

1° Banques Nationales

Les Banques Nationales sont au nombre de 7.000 ; elles peuvent être constituées avec un capital nominal minimum de $ 25.000 : elles sont sujettes à l'autorisation et à la surveillance du Gouvernement.

Elles ont le privilège d'émettre des billets de banque payables à vue et pour un montant égal au montant de rentes nationales américaines, possédées par elles et mises en dépôt à leur nom dans les caisses du Trésor.

Ce privilège est très important, puisqu'elles ont ainsi la faculté d'émission. Mais le plus grand nombre de ces banques ne créent pas de papier-monnaie et se bornent aux opérations de commerce, escompte, chèque, prêts sur titre ou sur marchandises, etc. Elles n'ont pas le droit de recevoir des dépôts, à moins qu'elles ne soient également Banques d'Épargne.

Deux résultats sont à retenir de cette institution des Banques Nationales, dont la complète organisation date de la loi sur l'or de 1900.

D'abord, tous les billets de banque émis en Amérique, par l'une quelconque de ces Banques, sont absolument valables, puisqu'ils sont garantis pratiquement par le Gouvernement américain, qui ne donne son autorisation que si le dépôt correspondant a été effectué.

Deuxièmement, le Gouvernement américain peut ainsi placer sa rente à 2 0/0 : elle lui est achetée par les Banques Nationales, qui l'emploient comme contre-valeur de leurs émissions.

C'est un avantage financier important pour les États-Unis.

Si le même procédé existait en France, et qu'il n'y eût pas le monopole de la Banque de France, on obtiendrait facilement la conversion de six à dix milliards en rente 2 0/0 au lieu du 3 0/0 actuel.

2° LES BANQUES D'ÉTAT

qui viennent, comme importance, après les Banques Nationales, sont établies sous des lois spéciales édictées par chaque État.

Elles font toutes opérations, mais n'émettent pas de billets de banque. Elles sont sous le contrôle d'un Comité de Commissaires de Banque, nommés par chaque État.

Leur rôle n'est pas très important.

3° LES BANQUES D'ÉPARGNE

fonctionnent sous la régie des lois spéciales à chaque État.

Elles sont sous la forme *Mutuelles*, constituées sans capital d'origine, ou, au contraire, elles sont constituées avec un capital déterminé, leur assurant, au moins en partie, la garantie du montant de leurs dépôts.

Elles sont obligées d'employer leurs fonds en premières hypothèques, fonds d'États ou emprunts de ville, obligations de chemins de fer.

Elles ont eu leur faveur, une loi fixant à un préavis de soixante jours, le remboursement de leurs dépôts, en cas de panique. Cette loi a fonctionné pendant la dernière crise de 1907.

Elles ne peuvent être mises en faillite, mais leur liquidation peut être demandée par le Commissaire de banque imposé par l'État.

Enfin,

4° LES COMPAGNIES DE TRUSTS

qu'il ne faut pas confondre avec les Trusts financiers ou industriels, comme le Steel Trust et la Standard Oil, sont constituées sous le contrôle de chaque État, ont des fonctions étendues et peuvent être Administrateurs judiciaires, exécuteurs testamentaires, fidéicommis, gardiens et surveillants d'emprunts d'obligations industrielles ou de chemins de fer, etc.

Elles n'émettent pas de billets de banque, mais peuvent émettre des certificats ou « bonds » représentés par les fonds ou dépôts dont elles ont la garde.

Toutes ces Banques qui, somme toute, sont bien assises dans leur ensemble, puisque pendant la crise de 1907, à peine une cinquantaine durent-elles fermer leurs portes, offrent donc au public américain de multiples tentations et avantages ; à ces Banques, il faut ajouter peut-être vingt ou vingt-cinq mille banquiers particuliers, commençant avec la maison Morgan de New-York, pour finir au plus petit changeur du Far West, et on pourra se faire une idée du mouvement immense des opérations journalières de tout genre.

Qu'il me suffise de signaler quelques chiffres :

On parle toujours, du moins les ignorants ou les intéressés, de la richesse formidable de la France.

Eh bien, en France, il y a environ 2 milliards déposés dans tous les Établissements de crédit réunis, et, en outre, une dizaine de milliards en comptes courants dans toutes les grandes Sociétés financières, y compris la Caisse de Dépôts et Consignations.

En Angleterre, une Banque, le Lloyds Bank, a un dépôt supérieur à 2 milliards et les Banques anglaises ont ensemble plus de 25 milliards de dépôts et des comptes courants.

Aux États-Unis, il y a plus de 75 milliards de dépôts dans l'ensemble des Banques, et rien qu'à New-York, entre les Banques associées et les Banques non associées, il y a presque toujours un minimum de 30 milliards de dépôts.

Il me semble que ces chiffres se passent de commentaires.

Ceci dit, je dois constater que, si une crise très grave et très prolongée se faisait sentir aux États-Unis, il y aurait à craindre un très grand nombre de faillites, car les Banques font toujours leurs opérations au maximum et même plus qu'au maximum de leurs forces, et l'appui défaillant de quelques grandes Banques aurait une répercussion immédiate et fatale sur des centaines d'autres Banques.

Les Crises financières. — La Réforme
monétaire

Nous venons de voir l'ensemble des forces vives de la nation américaine toujours en ébullition, procréant chaque jour des richesses nouvelles dans l'agriculture, dans le commerce, dans l'industrie.

Mais les États-Unis ne sont pas arrivés à leur brillante situation actuelle sans traverser de nombreuses crises.

Il serait trop long de faire l'historique de ces crises qui auraient pu, dans un autre pays moins jeune et moins riche, causer une ruine irrémédiable.

Qu'il suffise de rappeler que, depuis la guerre de Sécession, les crises principales ont toujours eu deux causes prépondérantes :

1° Des insuffisances de récoltes ;

2° Un très mauvais système monétaire avec, antérieurement, abus de circulation de papier-monnaie et quelquefois, au contraire, ces dernières années, une raréfaction extrême des monnaies d'échange absolument nécessaire dans un pays aussi vaste, où les produits du sol sont payés comptant, et où des déboursés d'argent ou de papier-monnaie pour des sommes considérables sont nécessités pour la main-d'œuvre payée un prix élevé.

Enfin, jusqu'au moment où la loi de l'or fut créée en 1900, de nombreuses crises financières intérieures furent provoquées par l'emploi abusif du métal argent.

On sait que, pendant de longues années, la question du bimétallisme amena des perturbations profondes dans la politique aux États-Unis.

Mais, actuellement, il y a heureusement lieu de constater que cette question a été complètement abandonnée par son principal champion, M. Bryan :

La stabilité actuelle du marché monétaire provient presque uniquement des effets de la loi de l'or, votée en 1900.

Cette loi prévoit que le Secrétaire du Trésor doit constituer une réserve d'au moins 150 millions de dollars, soit 30 millions de francs en or monnayé ou en or métal, cette somme devant servir uniquement au rachat éventuel du papier-monnaie, et le Trésor était également autorisé à frapper pour un maximum de 100 millions de dollars d'argent.

En plus, la circulation monétaire peut faire état d'environ 700 millions de dollars, soit 3 milliards et demi de francs de billets de banque.

Mais, par suite de la politique prudente du Trésor des États-Unis, de l'obligation qu'il a de conserver en caisse l'équivalent des billets en circulation, la presque totalité de l'or disponible aux États-Unis est actuellement entre les mains du Trésor Américain.

Il résulte immédiatement, de ces faits, que les instruments d'échange constitués par l'or, par l'argent et par les billets de banque, sont infiniment trop peu importants pour un commerce aussi formidable et des échanges aussi colossaux que ceux des États-Unis.

C'est là, en peu de mots, la cause primordiale de toute la situation générale monétaire des États-Unis, situation qui a inquiété depuis tant d'années le Gouvernement; en particulier, la crise de 1907, que tout le monde a encore présente à la mémoire, fut directement causée par le manque d'or.

La Banque d'Angleterre, effrayée des spéculations désordonnées qui se produisaient sur le marché de New-York, craignant pour ses réserves métalliques, éleva le taux de son escompte à 7 0/0, rendant à peu près impossible l'exportation d'or aux États-Unis.

Bien entendu, la crise de 1907 a été la résultante de beaucoup d'autres causes qu'il serait trop long d'énumérer ici, mais qui peuvent se résumer cependant en excès de spéculations, surproductions de toutes les industries, trop grandes affaires en Europe absorbant pour l'Europe même une grosse partie des capitaux et des crédits habituellement réservés aux États-Unis, raréfaction des espèces et des billets de banque, et, dans toutes les banques américaines, resserrement monétaire, élévation du taux de l'escompte, etc.

Les financiers se rappellent que, peu de temps avant la panique de 1907 dont le point décisif fut la suspension de paiements du Knickerboker Trust, l'argent au Stock-Exchange valait quelquefois 50 et 60 0/0 par an, et il monta même un jour jusqu'à 125 0/0.

La crise fut heureusement arrêtée dès les débuts par l'action énergique de quelques gros banquiers de New-York, en particulier de M. Rockfeller et de M. Pierpont Morgan, qui avancèrent au marché financier la totalité des fonds nécessaires, au taux de 10 0/0.

Cette mesure et d'autres, ramenèrent la confiance et, somme toute, la crise de 1907 fut extrêmement rapide, et ne laissa pas de traces profondes.

Mais l'attention des Pouvoirs publics, du Congrès Américain, de toute la Banque, fut amenée d'une manière toute spéciale sur la nécessité absolue de réformer le système financier américain, qui pouvait être bon il y a trente ou quarante ans, mais qui, aujourd'hui, n'est plus adéquat à la situation économique du pays.

Une Commission de Sénateurs et de Banquiers fut constituée tout de suite après la crise, voici cinq ans, sous la Présidence du Sénateur Nelson W. Aldrich.

Il n'y a pas qu'en France où les Commissions mettent du temps pour déposer un rapport et faire voter leurs conclusions. En effet, voici cinq ans que cette Commission fut constituée ; depuis, elle s'est promenée dans tous les pays d'Europe, a interviewé les présidents de toutes les Banques et les plus éminents financiers ; aux États-Unis mêmes, elle a convoqué, dans chaque district, les Banquiers les plus importants pour provoquer des questions et des projets.

A l'heure actuelle, une solution définitive n'a pas encore été votée, mais cependant, il y a quelques semaines à peine, M. Aldrich vient de développer le programme définitif de la réforme de la Banque Américaine et de la question monétaire devant l'Association des Banquiers américains, qui s'est réunie à la Nouvelle-Orléans.

Ce projet a été adopté d'enthousiasme par tous les milieux financiers compétents, et il ne reste plus maintenant qu'à le faire accepter par le Congrès Américain, ce qui peut être une question d'une assez longue durée, par suite de divergences politiques assez profondes et par suite de la campagne présidentielle actuelle.

En résumé, M. Aldrich propose la constitution d'une Association des Banquiers Américains, formant une Réserve puissante, ayant le pouvoir de faciliter toutes les opérations d'escompte encore peu utilisées jusqu'ici, de faire des avances au Commerce et à l'Industrie, à taux réguliers et normaux, sur les grands produits et sur toutes garanties de facile réalisation ; de pouvoir prêter de l'une à l'autre Banque des billets de banque ou de l'or, en cas de nécessité ; cela, bien entendu, et sous garanties.

Cette nouvelle organisation aurait tous pouvoirs de faire de nouvelles émissions de papier-monnaie, qu'elle pourrait remettre, le cas échéant, à chacun des Banquiers de l'Association.

Naturellement, l'Association devra constituer elle-même de très fortes réserves, en espèces, en billets de banque ou en titres négociables ; elle devra chercher, d'abord, à obtenir de l'or des pays étrangers en acceptant de payer un taux d'escompte plus élevé.

En quelques mots, cette Association a deux buts principaux :

1° Créer un large et puissant marché d'escompte entre tous les Banquiers Américains et pour le commerce intérieur.

2° Pouvoir fournir dans un moment de nécessité ou de crise, des espèces ou des billets de banque à des Établissements de bonne qualité et n'ayant pas les fonds de roulement suffisants pour faire face aux opérations urgentes.

Je crois, personnellement, que le système adopté et qui sera probablement voté par le Congrès, mais dans un temps peut-être assez éloigné, est de nature à donner à l'organisation financière et fiduciaire des États-Unis l'élasticité qui lui manque d'une manière complète actuellement.

Lorsque cette réforme sera faite, une des causes principales des crises, qui ont si souvent désolé les États-Unis, aura complètement disparu.

Les Trusts

En prononçant ce mot magique, je suis certain de répondre à la curiosité de beaucoup de personnes parmi celles qui me font l'honneur de m'écouter.

C'est, depuis dix ans, le mot qui est revenu le plus souvent à la bouche de toutes les personnes parlant de l'Amérique.

On associe involontairement dans son esprit, en même temps que l'on prononce le mot de « trust », les noms universellement connus des « Rockfeller, Morgan et Carnegie ».

Plusieurs définitions ont été souvent données des trusts et, par suite des événements, par suite des modifications plus ou moins sensibles qui se sont produites très rapidement dans les grandes combinaisons financières américaines, ceci depuis les dernières vingt années, la définition du mot « trust » a été changée plusieurs fois.

En tout cas, l'origine du mot « trust », au moins pour une grande opération, date de la création de la Standard Oil Company, sous les auspices de John D. Rockfeller.

Mais, au moment de la formation de cette puissante Corporation, M. Rockfeller avait seulement l'idée de réunir les diverses Sociétés qui s'occupaient de pétrole dans une seule entreprise, gérée par des *trustees*, qui, en l'espèce, étaient les directeurs et administrateurs de la Corporation du pétrole.

Mais chacune des Sociétés qui entraient dans la Corporation conservait son autonomie, son organisation financière, son capital, ses actions et ses actionnaires.

Cette Corporation fut organisée, dès sa conception, c'est-à-dire le 16 juin 1899, d'une manière tellement prévoyante, qu'en 1911, au moment du jugement de la Cour Suprême, ordonnant la dissolution de la Standard Oil Company, il a suffi de répartir aux actionnaires de cette Corporation, des parties d'actions de chacune des trente-trois Sociétés principales qui la composaient, pour que satisfaction fût donnée aux arrêts de la Cour.

Au début des « trusts » aux États-Unis, on pouvait dire qu'un trust « était une association d'argent, de propriétés, de pouvoir commercial et d'énergie, dans le but de créer de la richesse, pour cette association ».

Mais très peu de temps après la création de la Standard Oil Company, et par suite même de l'accroissement formidable du pouvoir de cette Société qui réduisait en miettes toute résistance et toute concurrence, l'opinion publique américaine se tourna rapidement contre les trusts et ce mot devint alors synonyme « d'accaparement et de monopole, supprimant la concurrence extérieure ou s'alliant avec elle dans le but de majorer le prix des produits naturels ou manufacturés ».

Quoi qu'il en soit, la période des trusts aux États-Unis fut connexe avec le développement prodigieux de la nation et cela surtout depuis dix ans.

Avant la « Standard Oil Company » d'autres trusts moins importants avaient été bien conçus et en premier lieu le trust du sucre ; mais ce n'est que depuis 1900, que la folie du trust sévit d'une manière constante.

D'innombrables trusts furent créés, parmi lesquels le plus célèbre, et celui qui intéresse le plus le monde entier, le « Steel Trust », sur lequel je vais dire tout à l'heure quelques mots.

Deux théories contraires étaient de mise, il y a quelques années, pour ou contre les trusts.

Les uns disaient que l'accaparement, la hausse des prix, la fusion intime de plusieurs affaires, constituaient une mainmise sur toutes les industries similaires et tuaient toute concurrence en écrasant le commerce ou le petit industriel.

Les autres prétendaient, au contraire, qu'il était légitime de fusionner les efforts d'un grand nombre d'industriels dans une seule grande corporation, permettant de réduire au minimum les frais généraux, de réunir autour d'une table de Conseil d'administration les personnages les plus compétents et les plus remarquables dans une même industrie pour diriger une affaire, de normaliser ou de supprimer la concurrence, d'avoir des moyens d'action plus considérables, de rechercher ainsi plus facilement de nouveaux débouchés et de réduire enfin le prix de revient à un point tel que la vente pouvait être faite à des prix égaux ou inférieurs aux prix antérieurement pratiqués, tout en laissant un plus gros bénéfice.

C'est, je me hâte de le dire, cette seconde théorie qui a largement triomphé.

Je dois également dire que, si les trusts, dans leur généralité, ont montré des résultats merveilleux, cela tient uniquement à la prospérité constante et ascensionnelle des États-Unis.

Comme je l'ai dit tout à l'heure, c'est là, véritablement, le *leit-motiv* de la situation américaine.

Les récoltes et les richesses naturelles ont permis au commerce et à l'industrie de se développer d'une manière telle que les trusts, conçus dans les débuts avec une surcapitalisation excessive, ont pu, dans presque tous les cas, donner, néanmoins, d'excellents résultats.

En réalité, les trusts américains sont devenus, maintenant, de vastes organisations de concentration pour un objet déterminé.

Des craintes excessives s'étaient produites sur les pouvoirs exorbitants que prendraient les trusts au point de vue de la hausse des prix vis-à-vis de la clientèle.

A part de rares exceptions, ces craintes n'ont pas été fondées, car, dans presque tous les cas, les produits vendus par les trusts sont maintenant moins chers, proportionnellement, au coût de la matière première, que ce qu'ils étaient cotés avant la formation des trusts.

Le pétrole qui est le monopole absolu de la Standard Oil Company, puisqu'elle contrôle 90 0/0 de la production générale de ce produit aux États-Unis, a baissé de plus de 50 0/0 depuis la création de la Corporation.

Du reste, depuis la Standard Oil Company, tous les autres trusts n'ont jamais pu contrôler d'une manière complète la production ou la fabrication d'un article déterminé.

Il y a partout des fuites, des concurrences se créent, souvent dans l'espoir d'être rachetées par les Corporations, et qui, abaissant les prix du marché, forcent ainsi les trusts à réduire également leurs prix, sauf dans le cas où ils ne peuvent suffire eux-mêmes aux demandes de leur clientèle.

Actuellement, on estime que le capital, actions et obligations, des trusts aux États-Unis, dépasse une valeur de 100 milliards de francs.

Ce formidable capital, employé pour un certain nombre d'industries et controlé par un petit groupe de grands financiers, fut réalisé depuis une vingtaine d'années, au maximum.

Au début, et dès 1887, le Gouvernement américain s'était préoccupé de l'accaparement des lignes de chemins de fer par quelques groupes, et des modifications importantes faites dans les tarifs de transports pour la convenance et par faveur pour ces groupes.

C'est de cette époque que date la première loi qui devait bouleverser le régime des trusts, et arriver au jugement de 1911, que vous avez encore présent à la mémoire.

L'Interstate Commerce Act, qui fut voté en 1887, avait pour but de régulariser tous les tarifs de chemins de fer.

Cette loi ne tint pas exactement l'objet qu'elle s'était proposé et, l'agitation politique aidant, en 1890, la grande loi Sherman, appelée la Sherman Anti-Trust Act, fut votée.

Cette loi avait, en deux mots, le but de désorganiser complètement les monopoles et les trusts, lorsque ceux-ci avaient pour objet de restreindre le commerce.

Cette loi déclare illégaux tous les contrats, toutes les combinaisons, ou ententes, ayant pour but d'accaparer ou de monopoliser le commerce ou l'industrie intérieure de l'Union Américaine.

Voilà vingt et un ans que la loi Sherman fut promulguée et ce n'est que cette année, il y a quelques mois, que des sanctions définitives purent être prises à l'égard des deux plus grands trusts attaqués par le Gouvernement, la Standard Oil Company et l'American Tobacco Company.

En outre de la loi Sherman, de nombreux autres « Acts » et amendements, furent approuvés par le Congrès.

Entre autres, il convient de citer la loi Elkins qui défendait à toutes les Compagnies de Chemins de fer de faire des rabais de transports, favorisant des intérêts particuliers, et la loi Hepburn, qui date de février 1906, qui autorisait le Gouvernement à déterminer et à prescrire des tarifs justes et raisonnables de transports, imposant, dans chaque cas, le tarif maximum à compter au public.

On a donc mis vingt et un ans pour établir une jurisprudence définitive concernant les cas les plus absolus qui peuvent être choisis comme type de Société formée sous le titre de « trust ».

Depuis vingt et un ans, une guerre acharnée s'est livrée aux États-Unis entre les financiers tout-puissants, les gérants de ces énormes Corporations et les Pouvoirs publics.

Le principal personnage qui a combattu les trusts avec le plus d'énergie et celui qui, somme toute, fut le véritable champion de cette lutte homérique, a été le président Roosevelt.

Il est impossible d'entrer ici dans les détails circonstanciés de cette grande campagne financière.

Depuis dix ans, les élections présidentielles furent toujours faites avec la guerre contre les trusts comme tremplin électoral, et ce n'est que maintenant que l'on peut ne pas absolument faire dépendre l'élection présidentielle prochaine de cette unique question.

Les jugements attendus depuis plusieurs années avec tant d'impatience, contre la Standard Oil Company et contre l'American Tobacco Company, ont été rendus au courant de l'été dernier.

Quand on pense qu'il y a au moins sept ou huit ans que ces procès furent engagés, on peut se rendre compte des difficultés de la procédure d'un côté, et, d'autre part, de la résistance acharnée des grands trusts.

Le résultat définitif, au point de vue pratique, est d'une certaine importance morale et matérielle.

Les grandes corporations voudront se mettre à l'abri de nouvelles poursuites, et, par conséquent, auront à modérer leurs appétits pour ne pas irriter le public et le Gouvernement.

La Standard Oil, qui gagnait 400 millions de francs par an, verra ses bénéfices décroître peut-être d'une cinquantaine de millions, par le morcellement de son organisation pétrolifère, qui permettra à de nouvelles concurrences de surgir, ce qui, en résumé, sera dans l'intérêt du public.

Somme toute, les procès engagés ont eu du bon, et il faut espérer que les grands financiers sauront éviter, pour l'avenir, le risque d'avoir à en subir de similaires.

Les Dirigeants des Trusts

Parmi toutes les célébrités américaines dont les noms sont connus de tout le public français, trois personnalités surtout appellent une attention toute spéciale. Ce sont MM. John Rockfeller, Pierpont Morgan et Andrew Carnegie.

En disant quelques mots sur chacun d'eux, on peut donner une légère idée de ce que peuvent être les autres grands financiers américains, car tous, plus ou moins, procèdent des mêmes principes, et sont arrivés également à des résultats considérables, en suivant les mêmes méthodes de travail et d'organisation.

Rockfeller est l'homme le plus riche du monde, comme vous le savez tous. Mais il a abandonné l'année dernière la direction complète des affaires de la *Standard Oil Corporation*, se consacrant uniquement aux parties de golf avec sa famille, à des prêches dans les églises, à des soins de charité de tous genres.

J'ai lu dernièrement sur un journal que, pour Noël, son Secrétaire avait envoyé plus de 5.700 chèques en libéralités. Ceci, pour donner une idée de sa générosité.

Rockfeller a distribué aux États-Unis, et principalement aux Universités, une somme voisine d'un milliard de francs. Sa fortune est impossible à évaluer, mais les plus modestes l'estiment à environ trois milliards de francs.

Rockfeller a été le type de l'Américain réfléchi, travailleur, dur, ne laissant rien au hasard, et poursuivant malgré tous les obstacles, qu'il a toujours brisés, une politique déterminée.

Il a créé de toutes pièces et par son génie, la *Standard Oil Company*, qui est au capital de 500 millions de francs environ et qui contrôle presque le monde entier pour le marché du pétrole.

Mais en dehors du pétrole, la *Standard Oil Company* est devenue ouvertement, et souvent d'une manière occulte, la plus puissante organisation financière du monde, et, en tout cas, le plus grand organisme capitaliste aux États-Unis.

Faire l'énumération des Sociétés et des Institutions qui dépendent étroitement de la *Standard Oil Company*, prendrait un temps considérable. Qu'il suffise de dire que cette Corporation tient le contrôle de toutes les affaires de cuivre, de l'*American Tobacco Company*, de la plus grande partie de l'industrie électrique aux États-Unis, de toutes les Compagnies de Gaz, de Tramways et du Métropolitain de New-York.

Le groupe Rockfeller tient sous sa coupe directement la plus grande banque américaine, la *National City Bank*, sans parler d'une foule d'autres banques.

Il occupe également une place prépondérante dans les plus grandes Compagnies d'Assurances américaines, qui, comme vous le savez, détiennent des capitaux immenses.

La puissance du groupe Rockfeller est formidable et dépasse encore de beaucoup la puissance du groupe Morgan, qui vient immédiatement après.

Il est, d'autre part, permis de dire, qu'actuellement les groupes Rockfeller et Morgan ont des liens très étroits, et que, dans toutes les grandes entreprises américaines, les deux groupes se partagent les participations d'une manière équitable.

Le fils de M. Morgan est devenu administrateur, avec de grands pouvoirs, de la NATIONAL CITY BANK, qui, je viens de le dire, est le fief incontesté du groupe Rockfeller.

Immédiatement après la personnalité grandiose de M. Rockfeller, il faut citer M. J. Pierpont Morgan, dont la physionomie sympathique est bien connue des banquiers français et de la haute société parisienne.

M. J. Pierpont Morgan est le chef de la grande maison, Morgan de New-York, qui a comme maison correspondante à Paris, la maison Morgan, Harjes et Cie.

La maison Morgan, aux États-Unis, est très ancienne : elle date de plus de cent ans.

Mais ce n'est que depuis une quinzaine d'années, que M. Morgan a pris la place extraordinaire qu'il occupe actuellement dans le monde entier.

Sa première opération gigantesque fut la constitution de la STEEL TRUST CORPORATION.

Mais outre ce joyau admirable, la couronne de M. Morgan comprend de nombreuses pierres étincelantes ; entre autres, le contrôle de plus de 50.000 milles des meilleurs chemins de fer américains, c'est-à-dire près de deux fois la longueur des voies ferrées de tous les réseaux français réunis.

Sa maison contrôle le trust du caoutchouc, le Shipping Trust, et d'innombrables autres entreprises ; elle a principalement une prépondérance formelle dans les grandes banques américaines et dans les grandes Compagnies de trust, telles que la Guaranty Trust, la Mercantile Trust, etc...

En résumé, on peut dire qu'actuellement, aucune grande affaire des États-Unis, et même mondiale où le capital américain prend une part, ne peut se faire sans passer par le canal presque direct du groupe Rockfeller ou du groupe Morgan et même, très souvent, elle ne se fait qu'avec l'appui de ces deux groupes qui contrôlent entièrement près de soixante milliards de capital d'entreprises financières, industrielles, et de chemins de fer.

Au point de vue social, la personnalité de M. Morgan est des plus connues. Aucune grande œuvre d'intérêt historique, d'art, de philanthropie ou autre, n'est créée sans que **M. Morgan** y contribue pour une large part.

Ses collections, déjà données en partie à la nation américaine, et, pour le reste, conservées à Londres et à Paris, sont les plus belles et les plus complètes qu'un particulier ait jamais possédées.

M. Morgan n'est plus un homme très jeune, puisqu'il a près de 75 ans, mais néanmoins son activité est formidable aussi bien dans les affaires proprement dites que dans les plus hautes manifestations sociales. Et je suis heureux de dire quelle sympathie **M. Morgan** a pour notre pays, sympathie qui n'a d'égale que celle que nous avons pour lui.

Quant à **M. Carnegie**, il ne conviendrait pas de citer son nom avec ceux des grands dirigeants des trusts, car il n'en dirige aucun. Mais sa figure est si universellement connue et sa fortune est si considérable, qu'on ne peut parler des grands hommes américains sans mentionner son nom.

Vous venez de voir dans les journaux, ces jours derniers, que **M. Carnegie** avait poussé un soupir de tristesse en déclarant aux juges chargés d'instruire l'affaire du Steel Trust, qu'il ne savait pas comment il avait pu être assez simple pour vendre toutes ses propriétés à **M. Morgan** pour deux milliards et quart, et que si c'était à recommencer, il ne les vendrait à aucun prix.

M. Carnegie donne sa fortune par morceaux de cinq, dix, cinquante millions de francs, et ce, non seulement aux États-Unis, mais en Écosse, sa patrie d'origine, et dans tous les pays du monde.

Ses libéralités aux Français sont connues et nous devons particulièrement le remercier du « Fonds des Héros » qu'il a créé, il y a quelques années, et pour lequel il a disposé d'un capital de cinq millions de francs.

Telles sont, Messieurs, quelques-unes des plus hautes personnalités américaines.

D'autres, nombreuses, pourraient être citées, telles que

MM. Vanderbilt, Gould, Mackay, Hawley, Hill, Stilman, Van-
derlip, Bennett, Schiff, etc., etc.

En somme, il y a aux États-Unis toute une pléiade d'hommes
considérables par leur intelligence, par leur activité, par leur
fortune, et par leur génie commercial et industriel.

Il y a lieu de payer un juste tribut d'admiration à cette
phalange d'hommes éminents, dont l'illustration vient d'une
vie de travail, d'opiniâtreté et d'intelligence.

La « Steel Trust Corporation »

Je ne puis parler de la « Finance Américaine » sans dire
quelques mots de la « Steel Corporation », la plus formidable
Société qui soit au monde.

C'est elle qui a été le pivot de l'attention du public européen
sur les affaires américaines.

Tout dans cette affaire est sujet à étonnement et à stupé-
faction ; tous les résultats escomptés ont été obtenus ou dépassés.

L'origine de cette Société date d'environ dix ans, puisqu'elle
fût fondée le 25 février 1901.

Le capital initial a été de cinq milliards et demi de francs et
elle absorba, à son origine, dix grandes Sociétés de fabrication de
l'acier ou du fer, plus un certain nombre de petites.

Parmi toutes les Sociétés absorbées, la plus grande fut celle
fondée par M. Carnegie, qu'il vendit pour deux milliards un quart.

M. Carnegie, qui venait d'arriver d'Écosse, s'associa, en 1863,
avec une petite affaire fondée elle-même en Pennsylvanie.

Les bénéfices de la Société Carnegie avaient toujours été très
importants, et l'année précédant la constitution de la Steel Corporation, les profits nets étaient montés à deux cents millions de
francs, mais c'était une année exceptionnelle, et la moyenne des
cinq ou six années précédentes n'était que d'environ 60 millions
de francs.

M. Pierpont Morgan entreprit la consolidation de toutes ces

grandes usines et, grâce à son génie financier, il obtint pour les participants à son Syndicat un résultat magnifique, puisque, au moment de l'émission, le Syndicat initial fût fondé avec un capital de 125 millions de francs, qui furent déposés comme engagement, et les Syndicataires firent un bénéfice net, en actions de préférence et en actions ordinaires, de 650 millions de francs.

Depuis dix ans, la prospérité de la Steel Trust Coporation ne s'est pas démentie et, malgré différentes crises passagères, corollaires des crises financières et industrielles du pays, il n'est pas possible de ne pas admettre qu'actuellement la situation de ce trust soit plus solide que jamais et justifie la capitalisation excessive de ses débuts.

Quelques chiffres peuvent présenter un intérêt saisissant :

Nombre d'employés.	225.000.
Nombre d'actionnaires, environ .	100.000.
Chiffre d'affaires annuel.	3 milliards 1/2.
Bénéfices annuels, plus de	500 millions.
Nouvel actif formé et amortissement depuis la constitution . .	5 milliards.
Salaires annuels	800 millions.
Capacité de production d'acier . .	14 millions de tonnes.

Tels sont en quelques mots, et en quelques chiffres, l'origine, la vie et la situation de la Steel Corporation.

Actuellement, un procès contre le Steel Trust a été engagé par l'État sous l'empire de la loi Sherman, mais il n'est pas probable que la décision qui interviendra, peut-être seulement dans plusieurs années, soit la même que pour la Standard Oil Corporation ou que pour l'American Tobacco Company.

Les arguments ne sont pas les mêmes, et je crois fermement qu'on ne pourra trouver de motif légal à la dissolution de la Steel Trust Corporation.

En tout cas, il ne sera pas possible de prouver qu'elle contrôle la totalité du commerce de l'acier et des autres métaux, puisqu'on estime qu'actuellement elle ne produit qu'environ 60 0/0 de la consommation américaine.

C'est, en résumé, une entreprise grandiose, folle d'audace à ses débuts et à laquelle la prospérité générale des États-Unis a permis de devenir une affaire extrêmement sérieuse, ayant des réserves immenses, des capitaux considérables à sa disposition et une organisation telle qu'elle peut actuellement envisager l'avenir, quel qu'il soit, avec toute sécurité.

Le « Stock=Exchange » de New=York

Depuis quelques années le public français s'est intéressé largement aux valeurs américaines.

A Londres, depuis plus de vingt ans, les grandes valeurs de Chemins de fer et les principales valeurs industrielles ont un marché considérable et cela d'autant plus que, par suite de la différence de cinq heures entre la ville de New-York et celle de Londres, des opérations d'arbitrage peuvent être faites journellement et les spéculateurs peuvent vendre ou acheter à la Bourse de Londres bien avant que la Bourse de New-York soit ouverte.

En général, le public français, à moins qu'il n'ait fait une étude spéciale de la Bourse américaine, a une peur instinctive de cette catégorie de valeurs.

De temps à autre, en effet, des perturbations se produisent dans les cours et tout le monde sait que les capitalistes français n'aiment pas beaucoup les émotions des cascades boursières.

Cependant, malgré des crises passagères qui ont pu assaillir le marché de New-York, le maintien des cours est relativement régulier, et l'on voit très peu de valeurs se coter à des cours inférieurs à ceux de leur introduction.

Il y a, aux États-Unis comme en France et comme en Angleterre, deux sortes de valeurs : celles de tout repos, dites « de père de famille », et, au contraire, les valeurs industrielles, de chemins de fer ou de mines, dites « de spéculation ».

Les premières sont capitalisées à des taux très bas, mais légèrement au-dessus des cours de nos obligations françaises.

En règle générale, il faut, à égalité de valeur intrinsèque, admettre que l'argent solidement placé aux États-Unis rapporterait 1/2 0/0 ou 1 0/0 de plus qu'en France.

Mais aussitôt que l'on quitte ce compartiment de valeurs extrêmement solides, telles que les emprunts des villes américaines, les « bonds » ou les obligations hypothécaires de Chemins de fer et autres, on peut obtenir, par un choix judicieux, un revenu d'au moins 5 ou 6 0/0, et ceci en choisissant des valeurs de tout premier ordre.

C'est ce revenu élevé d'une part, et d'autre part les possibilités d'avenir plus grandes que partout ailleurs, qui ont attiré de plus en plus l'attention des spéculateurs français.

Malheureusement, l'usage n'est pas encore entré dans les mœurs françaises, d'une façon générale, de spéculer directement de France à New-York.

Les opérateurs préfèrent acheter ou vendre sur le marché de Londres, où les liquidations se font deux fois par mois, et où les brokers ne demandent pas de couvertures à la remise de l'ordre.

Mais en réalité, il serait beaucoup plus simple et meilleur marché de spéculer directement à New-York, parce que les commissions prises par les courtiers sont plus modérées que celles chargées par les brokers de Londres, parce que le marché de New-York est extrêmement large et que les opérations y sont d'une simplicité remarquable.

Le Stock-Exchange de New-York se divise en trois groupes distincts, que je vais rapidement indiquer :

> 1° Le *Stock-Exchange*, qui correspond au marché des Agents de Change et au marché officiel de Paris;
>
> 2° Le *Consolidated Exchange*, qui correspond au marché de la Coulisse;
>
> 3° Le *Curb Market*, qui, pour employer un langage imagé, correspondrait au « marché des pieds humides » de Paris, mais cependant dans des proportions tout à fait différentes puisque c'est au Curb Market qu'est cotée la « Standard Oil Company ».

Qu'il suffise de dire qu'au Stock-Exchange, les opérations de Bourse sont sujettes à un courtage de 1/8 °/₀ soit douze dollars et demi pour cent titres, quelle que soit la valeur nominale des titres (jusqu'à 200 dollars).

Au Consolidated Exchange, le courtage n'est que de 1/16 °/₀.

La caractéristique des opérations de New-York est leur simplicité: les brokers n'emploient aucun intermédiaire et achètent ou vendent directement aux autres brokers et non pas comme à Londres où ils sont forcés de passer par l'intermédiaire d'un « jobber ».

Le Stock-Exchange à New-York est une association comptant 1.100 membres.

Les plus grands banquiers sont membres du Stock-Exchange, bien qu'ils ne mettent jamais les pieds à la Bourse, mais ils ne pourraient pas y entrer, en cas de nécessité, s'ils n'en étaient pas membres.

On entend souvent dire qu'un siège du Stock-Exchange a été vendu: en réalité, c'est une simple figure, car il n'y a pas de siège à la Bourse de New-York, où tout le monde se tient debout.

Cette appellation implique la transmission de la qualité de membre du Stock-Exchange.

Parmi les personnes qui achètent des sièges au Stock-Exchange, il y a des spéculateurs pour leur propre compte, qui préfèrent payer 50.000 ou 60.000 dollars la faculté d'être membres du Stock-Exchange, pour éviter d'avoir à payer la commission de 1/8 °/₀ sur toutes les affaires qu'ils font.

Comme on le sait, à la Bourse de New-York les affaires sont extraordinairement actives, mais passent souvent par des périodes extrêmement calmes.

Les principales maisons de brokers ont des agences dans différents endroits de la ville et également dans de nombreuses villes de province.

Dans chacune de ces agences, une grande salle est réservée à la clientèle qui vient s'y asseoir, et qui peut voir de seconde en seconde, les cours de toutes les principales valeurs, affichés sur un grand tableau noir.

Les ordres se passent instantanément par téléphone et entre les villes, les brokers utilisent le télégraphe.

Les brokers ont tous des lignes spéciales par exemple entre New-York et Boston, entre New-York et Philadelphie, et leurs opérations se font instantanément.

Pour donner une idée des frais d'un broker de New-York, il est facile de citer un grand nombre de maisons qui dépensent 250.000 francs par an, uniquement pour les frais de téléphone et de télégraphe.

Mais, il y a lieu de constater qu'un grand broker exécute souvent dans une journée 60 ou 80.000 titres, ce qui représente 40.000 francs de courtages pour une seule journée.

Les brokers de New-York n'exécutent d'ordres pour personne, quelque riche soit-on, sans recevoir une marge d'au moins 10 0/0, de la valeur de l'ordre.

Cette règle absolue est indispensable dans un pays où les gens spéculent beaucoup plus qu'ils ne devraient le faire, et généralement très au-dessus de leurs moyens.

Très souvent, les spéculateurs perdent la marge qu'ils ont versée, lorsqu'ils ne l'ont pas complétée immédiatement en cas de baisse rapide de leurs titres.

Au point de vue de l'influence du Stock-Exchange sur les opérations de Banque, il y a lieu d'indiquer que les liquidations, à New-York, se font tous les jours et non pas tous les mois, comme au parquet de Paris, ou tous les quinze jours comme à Londres ou en coulisse à Paris.

Il résulte de cette règle que les brokers ont besoin d'avoir de grands capitaux à leur disposition, puisqu'ils ont à payer ou à livrer des titres, tous les jours, suivant qu'ils ont acheté ou vendu pour le compte de leur clientèle. Leur propre capital ne pourrait jamais suffire à ces multiples et vastes opérations ; ils sont donc obligés d'emprunter de grandes sommes, tous les jours, à leurs banquiers en donnant comme garantie, les titres de leur clientèle.

Toutes ces opérations d'échanges de titres, de versements, de paiements, d'emprunts, et de remboursements, compliquent énormément le travail du broker de New-York qui, en réalité, fait un métier extrêmement pénible, où il doit travailler d'arrache-pied sans même avoir la possibilité de faire les grands bénéfices auxquels peuvent aspirer les promoteurs et les banquiers.

Enfin, les opérations du Stock-Exchange, comme je viens de l'indiquer, nécessitant de très vastes capitaux, les banquiers de New-York sont obligés, pour ces opérations et pour leurs autres affaires, d'emprunter très souvent de l'argent en Europe.

Il y a, de ce fait, une suite d'opérations extrêmement importantes, portant sur des centaines de millions de francs constamment en mouvement, entre Londres, Paris et New-York. Ces opérations, qui se compliquent encore de questions de change, de remises d'or monnayé ou en barres, sont trop complexes et trop longues à expliquer, et je ne pense pas pouvoir aborder ce sujet, comme il le mériterait, dans cette causerie.

Qu'il me suffise, en passant, d'indiquer que la Haute Banque de Paris joue un très grand rôle dans ces opérations financières et cela, grâce à l'excellente qualité des premières maisons de notre place et grâce également au bon marché constant de l'argent dans notre pays.

En particulier, je me permettrai de saluer, en passant, la maison Lazard frères et Cⁱᵉ, maison tout à fait française, qui est maintenant une des plus grandes banques de New-York, faisant avec l'Europe, avec Londres, avec Paris, des affaires immenses.

CONCLUSION

MESDAMES, MONSIEUR L'AMBASSADEUR, MESSIEURS,

Nous voici presque arrivés, vous, au terme de votre sympatique attention, moi au terme de ma tâche. J'ai dû renoncer à parler de beaucoup de points dignes de remarque. Je n'ai presque pas cité de statistiques, ni de chiffres, pourtant des plus intéressants, et utiles à connaître.

J'ai absolument écarté de mon sujet toute la question si vaste et si complexe des chemins de fer : qu'il me suffise de dire qu'il y a près de 400.000 kilomètres de railways en exploitation, soit dix fois plus qu'en France, et que le capital investi dans ces chemins de fer dépasse cent milliards de francs.

Je n'ai fait qu'effleurer les questions relatives aux Banques, au Stock-Exchange, à la réforme monétaire, bien que, cependant, ces trois seules questions formassent presque exclusivement le véritable sujet de ma conférence.

Enfin, j'ai laissé de côté la question, si grande de conséquences économiques, celle de la réforme du tarif douanier, question qui est maintenant une des bases de la prochaine campagne présidentielle.

En particulier, je n'ai pas expliqué que les tarifs douaniers prohibitifs des États-Unis ont eu comme conséquence l'éclosion de milliers de manufactures, et ont permis à des richesses formidables de se former.

L'ensemble de tous ces sujets constitue le marché financier américain, car tous les problèmes économiques, commerciaux, aboutissent, en fin de compte, à des questions d'argent et de marché financier.

Mais, j'ai cherché à condenser, dans ces quelques moments d'entretien, tout ce que je voyais dans les forces vives de la puissante nation américaine.

La richesse et la fertilité du sol, la population innombrable et ardente, le travail et l'intelligence répandus dans toutes les classes de la société, le manque de tares et de fatigues d'atavisme, une immigration puissante, la clientèle financière et commerciale du monde entier, tout cela résume les raisons de la prospérité merveilleuse des États-Unis.

Toutes ces raisons ne devant pas cesser de se produire, il n'y a donc aucune crainte que cette prospérité cesse.

Elle ne fera donc que s'accroître, peut-être trop vite quelquefois, et il faudra bien des années avant qu'une stabilité parfaite et générale soit atteinte, comme elle est maintenant acquise dans nos vieux pays d'Europe, où il ne nous reste plus guère qu'une chance de nous enrichir : aller faire des affaires dans des pays plus jeunes.

Quant à nous, Français, au point de vue économique et financier, nos désirs et nos efforts doivent tendre journellement à rendre nos rapports plus intimes et plus étroits avec notre vieille amie, la République des États-Unis.

Nous devons demander un tarif douanier plus favorable, car nos exportations de tissus de laine, de coton, de soie, nos rubans, nos gants, dentelles, nos vins, en un mot tous les articles essentiellement français, sont lourdement taxés. Avec le tarif que nous avions, il y a vingt ans, nous exporterions chaque année maintenant plus d'un milliard aux États-Unis.

Au point de vue financier, nous ne devons pas hésiter à nous intéresser largement aux bonnes affaires américaines. Nos établissements de crédit et les grands banquiers de Paris ne présentent aux capitalistes que des affaires saines et vigoureuses, et nous emploierons ainsi une partie de nos capitaux, avec un intérêt plus important que celui que nous pouvons avoir ici ou en Angleterre.

Enfin, Messieurs, l'affection séculaire que nous portons aux États-Unis, les liens d'amitié vivifiés par le sang versé par nos compatriotes pour la liberté américaine, sont trop profondément ancrés dans nos cœurs pour que je doive y faire ici une longue allusion.

Les plus hautes personnalités françaises sont à la tête de diverses associations, de comités destinés à maintenir et à resserrer toujours davantage les liens de tous genres qui nous attachent à la grande République sœur.

Qu'il me soit permis, en qualité de bon Français, ayant visité l'Amérique à de nombreuses reprises, d'applaudir à tous ces efforts, auxquels j'ai tenu moi-même à contribuer en apportant le seul concours que je pouvais donner, celui d'une conférence peut-être bien ennuyeuse mais portant sur des sujets d'un haut intérêt.

J'aime l'Amérique, comme une seconde patrie. J'y ai trouvé souvent, pour moi-même, dans des moments difficiles, les exemples nécessaires de courage, d'énergie et de confiance en soi, indispensables dans la lutte pour la vie.

Je remercierai toujours ce grand peuple de tous ces exemples que j'ai puisés près de lui, et je ne puis que souhaiter à tous mes compatriotes de bien étudier et de bien connaître les États-Unis; plus ils connaîtront la nation américaine, plus ils l'aimeront et pourront recueillir auprès d'elle, les exemples les plus purs et les plus vivifiants d'énergie et d'union de tous les citoyens pour la richesse et pour la gloire de la patrie.

LE CRÉDIT DU BRÉSIL EN EUROPE

CONFÉRENCE

FAITE LE 10 AVRIL 1912

DANS LA SALLE DES FÊTES DU " JORNAL DO COMMERCIO " A RIO DE JANEIRO

PAR

M. Georges AUBERT

Conseiller du Commerce extérieur de la France

SOUS LA PRÉSIDENCE DE

M. Maurice DE LALANDE

Ministre plénipotentiaire de la France au Brésil

DISCOURS

PRONONCÉ PAR

M. MAURICE DE LALANDE

Que nos premières paroles soient de sincères remerciements et compliments pour le très éminent fondateur de cette Chambre de Commerce Internationale, S. E. M. le Ministre de l'Agriculture Pedro de Toledo, à l'heureuse initiative duquel cette Compagnie doit d'exister au Brésil.

Elle vous devra à vous, monsieur le Président, à tous ceux qui concourent avec vous à bien remplir, pour le mieux des intérêts du Brésil, dans les relations avec le commerce international, le programme clair et pratique, si magistralement indiqué par le Ministre dans vos statuts, d'être pour votre pays un nouvel instrument de son développement et de sa prospérité.

C'est dans l'esprit même de ses statuts, déposés à cette Assemblée générale du 15 novembre 1911, à laquelle j'avais l'honneur d'être présent, que se trouve organisée la réunion d'aujourd'hui ; l'article 2 dit en effet : « La Chambre de Commerce a pour objet de développer, par tous les moyens en son pouvoir, les relations commerciales entre le Brésil et les autres pays ».

Et je penserai volontiers, avec vous, que ce moyen — des conférences où se feront tour à tour entendre des représentants de divers pays que vous y voudrez bien autoriser et convier — n'est pas un des moins efficaces ni des moins intéressants pour poursuivre pareilles et si utiles fins.

Que mon remerciement cordial aille également à cet autre puissant instrument de propagande et de progrès : la presse, et à l'un de ses doyens, le très distingué directeur du *Jornal do Commercio*, M. Carlos Rodrigues, qui, d'accord avec tous ses collègues de Rio, a, de la façon la plus gracieuse et la plus obligeante, donné son actif concours à l'organisation et à la publicité de cette conférence.

Ce n'est pas pour nous un mince honneur, et soyez assuré que nous en apprécions tout le prix, qu'une des premières conférences faites sous les auspices de votre Compagnie, le soit par un fils de France et dans la langue même de son pays. Et pour nous autres, dans cette immense contrée du Brésil qui a pour notre curiosité et notre étude tant d'attraits et si prodigieusement variés, ce n'est pas un des moindres que d'y retrouver toujours vivace et de frondaison florissante comme son admirable végétation, le culte, la pratique et la propagande de notre langue française.

Le sujet de l'entretien d'aujourd'hui : « le Crédit du Brésil en France et en Angleterre », soumis à votre agrément et par vous accepté, me paraît bien rentrer dans le cadre des questions d'ordre économique, commercial et financier — et sur un terrain qui soit d'actualité pratique — dont votre Compagnie est disposée à encourager l'étude.

Sans vouloir empiéter un instant sur le domaine d'exposition des considérations, des constatations et des suggestions même sur le thème choisi par notre conférencier, je me bornerai à ces quelques très courtes réflexions.

Le mot d'un de nos ministres, du baron Louis, je crois : « Faites-moi de bonne politique et je vous ferai de bonnes finances », est toujours, par son bon sens même, d'une application universelle. Et, dans des temps plus modernes, combien n'a-t-on pas eu d'occasions de se rendre compte, également, que cette proposition renversée n'était pas de vérité moins évidente : « Ayez de bonnes finances et cela aidera singulièrement à votre politique ».

Mon pays est, avec bien d'autres d'ailleurs, de ceux qui sont, de par le monde, entrés le plus tôt et le plus heureusement pour lui, dans l'application pratique d'un axiome de ce genre. Et avec les progrès de la civilisation, il devient de jour en jour plus évident pour tous les peuples que, si la puissance financière d'un pays, l'étendue et la solidité de son crédit constituent pour lui ce que les anciens et les modernes aussi qualifient de *nervum belli*, elles sont infiniment plus encore *pacis præsidium*, le plus sûr instrument de paix, le plus directement efficace et de tous peut-être le plus puissant, parce que cette paix, si absolument néces-saire à la prospérité universelle, il est en mesure de la condition-ner, de la maintenir et au besoin de l'imposer.

C'est là une simple constatation d'histoire et ancienne et moderne.

Pour aborder, devant votre Compagnie, l'exposé rapide en une conférence d'une question financière aussi spéciale et complexe « le Crédit du Brésil en France et en Angleterre », mon très distingué compatriote, M. Georges Aubert, se trouvait particulièrement qualifié par toute la série d'études, de conférences et de publications inté-ressantes concernant des questions de ce même ordre, qui ont fait sa réputation d'écrivain et de conférencier.

Ses livres sur la Finance américaine, sur le Commerce français, l'Afrique du Sud, le Transwaal et l'Angleterre, « les Nouvelles Amériques, le Crédit à l'Exportation et la Banque du Commerce extérieur », ont été les premières étapes sur la route où il s'est de nouveau engagé, de l'étude, et sur place, des conditions économi-ques et financières des principaux États de l'Amérique du Sud où il entreprend un long voyage.

Qu'il soit heureux pour lui et fertile en bons résultats pour tous, ce voyage. Vous me permettrez de lui en formuler le vœu, en m'excusant près de vous et près de lui de n'avoir que trop différé votre attente de l'entendre lui-même.

Conférence de M. Georges AUBERT

C'est avec une légitime fierté que je viens ce soir, au milieu d'une si brillante assistance, parler d'une question aussi importante, aussi intéressante, que celle du Crédit du Brésil en Europe, et principalement en France et en Angleterre.

En effet, Messieurs, ma fierté doit être bien grande, d'avoir l'honneur d'aborder un aussi vaste sujet devant M. le Président des États-Unis du Brésil, devant MM. les ministres, devant les membres les plus distingués du Corps diplomatique, devant M. de Lalande, Ministre de France au Brésil, et enfin devant toutes les sommités de la presse, de la finance, des arts libéraux, des sciences sociales, du commerce et de l'industrie de votre ville.

Pareil honneur ne m'eût certes pas été dévolu sans le patronage illustre de M. le Ministre de France, sans l'amitié précieuse du docteur José Carlos Rodrigues, directeur du *Jornal do Commercio*.

Je remercie tout particulièrement M. Firmiano de Moraes, le président de la Chambre de Commerce International du Brésil, qui a organisé cette réunion.

C'est à ces Messieurs que je dois l'empressement avec lequel tous, vous avez bien voulu venir à cette réunion, et c'est aussi, j'en suis convaincu, au désir d'entendre l'opinion d'un Français, qui reflète certainement celle de la France, sur les grandes destinées financières du Brésil.

Donnez-moi, Messieurs, toute votre indulgence. Tout d'abord, je ne suis pas orateur, mais financier, et, même orateur, je serais en droit de réclamer votre indulgence, car je suis dans le pays où l'art de la parole est porté au plus haut degré d'habileté, de puissance et de charme.

Ensuite, je n'étais pas préparé, à mon départ de Paris, à faire des conférences en Amérique du Sud. Au contraire, mes amis m'avaient dit : Gardez-vous bien de conférencier à droite et à gauche. Regardez, écoutez, et revenez en France nous dire vos impressions, mais parlez le moins possible...

A Rio-de-Janeiro, à Buenos-Ayres, tant d'orateurs français ont parlé, ont discouru sur tous les sujets possibles, que les Brésiliens et les Argentins commencent à réclamer un peu de repos !...

Je suis donc arrivé à Rio avec le ferme projet de ne rien dire et d'écouter.

Mais, que voulez-vous ? Au bout de quinze jours de séjour dans votre admirable ville, la nature a repris ses droits, et comme j'ai la rage de vouloir écrire ou dire partout mes impressions, j'ai été voir mon ministre français, et je lui ai tenu ce discours :

« Je trouve, dans mon premier contact avec le Brésil, tant de charme, tant d'heureuses surprises, je vois si largement se dessiner l'avenir immense de ce pays, que j'éprouve le besoin de venir, en ami, lui dire ce que nous autres, financiers de Paris et de Londres, pensons de lui, de son passé, de son présent et de son avenir.

» Je veux essayer d'aider, en toute modestie, au développement continu de l'amitié franco-brésilienne. Je veux tâcher de faire comprendre au Brésil son intérêt immédiat d'être de plus en plus l'ami de la France, de reconnaître que l'affinité puissante de nos deux races, la haute culture des classes supérieures dans les deux pays, leurs aspirations politiques et sociales similaires, sont autant de facteurs définitifs qui doivent rendre nos relations mutuelles indissolubles et quasi fraternelles.

» Je veux montrer au Brésil les dangers d'ordre financier qu'il doit éviter, et en lui signalant, en véritable ami, quelques légères critiques, je veux lui montrer comment il saura de plus en plus conquérir le cœur... et la bourse de ses deux seuls grands banquiers, l'Angleterre et la France. »

M. le Ministre de France a applaudi des deux mains à mon projet, — il a bien voulu me dire que j'aiderais un peu ainsi à la grande œuvre qu'il poursuit au Brésil, pour notre pays.

M. Carlos Rodrigues m'a également donné son plus entier concours, m'a dit que toute la presse de Rio, toutes les hautes classes de votre cité seraient heureuses de montrer leur sympathie à l'idée. — D'autres grands amis, M. Mendes de Almeida, directeur du *Jornal do Brasil*, le président de la Chambre de Commerce française, M. le Consul de France, et beaucoup d'autres éminentes personnalités, m'ont encouragé, m'ont promis leur précieux appui, et le résultat de tout ceci est que je suis resté quinze jours de plus à Rio, attendant avec beaucoup de joie, et avec beaucoup de peur, le moment qui est enfin arrivé, de vous saluer et de vous parler, en ami sincère, de toutes les grandes questions financières, si intimement liées au développement et à la prospérité de votre grande République.

Messieurs, avant d'aborder le sujet purement financier de cette causerie, permettez-moi de passer avec vous une rapide revue de la situation générale économique au Brésil, du moins comme je la vois moi-même. Ceci pour nous permettre d'établir les déductions qui forment les jugements des financiers et banquiers français ou anglais, en ce qui concerne la vitalité et la solidité des entreprises financières brésiliennes.

Trois grands pays sud-américains attirent particulièrement l'attention du monde, surtout depuis les dix dernières années, ce sont le Brésil, l'Argentine et le Chili.

Il n'est pas un banquier, un homme d'affaires, un commerçant de France, d'Angleterre, ou d'Allemagne, qui ne se préoccupe, d'une manière ou d'une autre, des progrès de vos jeunes républiques, des ressources immenses journellement découvertes, de leur commerce et de leur industrie, déjà en pleine ébullition, et surtout de leurs finances.

A Paris, les grands marchés sud-américains, au point de vue financier, ont pris une place extraordinaire.

Tout le monde ne parle que du Brésil ou de l'Argentine. Des centaines de sociétés se forment, soit pour étudier, soit pour exploiter. Les capitaux se précipitent sans compter, sans relâche, au premier appel des banquiers émetteurs.

De plus en plus, on apprend à connaître ce que sont ces grandes Républiques Sud-Américaines, et on apprend à discerner les bonnes et les mauvaises entreprises, les emprunts de bonne qualité nécessaires, et ceux faits sans justification et sans contre-partie.

Devant cet enthousiasme justifié, devant l'attraction considé-rable que ces trois pays produisent de par le monde, j'ai cru absolument nécessaire de compléter mon éducation économique, de terminer presque mon instruction mondiale, si folle n'était une telle prétention, en venant passer quelques mois en Amérique du Sud, et en me rendant compte par moi-même si l'opinion que nous nous sommes faite en France était légitime, insuffisante ou exagérée.

Mon début a été votre grande République, et je m'empresse de dire que j'ai été absolument surpris de trouver tout, État, pays, et habitants, bien supérieurs, à tous les points de vue, à ce que je pensais à mon départ de Paris.

Permettez-moi tout d'abord de vous dire, en toute franchise, que, sauf de la part de personnes qui viennent régulièrement au Brésil, votre pays est très peu connu en Europe, et qu'on en parle même avec une certaine réserve.

On vit encore sous l'impression ancienne et fortement tenace de la fièvre jaune, du climat meurtrier, de spectres de maladies terribles ; on croit que les moyens de communication font absolu-ment défaut partout, que les villes sont anciennes, sales, insa-lubres.

En un mot, la publicité en faveur du Brésil est absolument déplorable, et on n'est pas encouragé, par l'opinion publique, à venir dans votre pays !

Je m'empresse de vous dire que, personnellement, j'avais été au courant, depuis plusieurs années, de tous les progrès réalisés ici, et que je ne croyais nullement tous les racontars entendus de droite et de gauche.

Ma surprise a été néanmoins profonde, dès que j'ai eu mis pied à terre, devant le charme de Rio-de-Janeiro, devant sa beauté, sa propreté, ses promenades, qui font de votre capitale une des plus belles villes du monde, sans contestation possible, en tenant compte, bien entendu, de sa situation naturelle merveilleuse, et des embellissements artificiels dont elle a été l'objet.

Mais, comme je ne suis pas venu ici pour voir des monuments, de belles avenues ou de jolies maisons, l'importance de cette constatation n'est pour moi intéressante qu'en me plaçant au point de vue économique.

Si les citoyens de Rio ont fait une si belle ville, c'est qu'ils sont dans une bonne situation économique, que le pays tout entier jouit également de la richesse et d'une prospérité certaine !

Au bout de trois jours, en regardant et en écoutant, j'avais déjà pu me rendre compte de ce qu'est le Brésil. De Rio-de-Janeiro, la capitale, comme de Paris pour la France, part le sang généreux qui vivifie le pays tout entier.

Le mouvement des affaires, la circulation dans la ville et dans les faubourgs, l'organisation politique du pays, tout cela était l'indice, pour moi, de l'activité économique qui rayonne partout.

Et pourtant, devant quel travail colossal, devant quelle œuvre puissante à créer, ma pensée se reporte-t-elle aussitôt, en songeant à l'immensité du Brésil, pays quatorze fois plus grand que la France, aussi grand que l'Europe tout entière — avec ses vingt-cinq millions d'habitants, répartis si inégalement sur ces immenses territoires, de races et d'aptitudes si diverses !

Je ne puis chasser de mon esprit l'image des États-Unis, où je suis allé si souvent que je les connais presque comme mon propre pays.

Je cherche à établir des comparaisons entre la grande République américaine du Nord et la grande République américaine du Sud.

Mais ces comparaisons ne peuvent souvent servir de base — les différences de contrées, de races, sont tellement considérables, que l'on ne peut concevoir les progrès du Brésil établis sur les mêmes données que l'ont été les progrès des États-Unis.

Là-bas, un territoire immense, mais, dans sa généralité, presque plat, de climat partout facile à supporter. Pas d'obstacles naturels infranchissables, comme les forêts vierges de votre pays.

Puis, avantage de grande importance, deux océans encerclant les États-Unis — débouchés dans tous les sens, parallèlement et perpendiculairement.

Population éminemment travailleuse, acharnée au gain. Immigration immense, depuis cinquante ans, ayant produit, en deux ou trois générations, la forte race américaine actuelle.

Facilité énorme des communications par les chemins de fer qui sillonnent le pays dans tous les sens, par les océans pour le monde entier, par les fleuves pour l'intérieur du pays.

Développement énorme de l'industrie grâce aux tarifs protectionnistes institués depuis vingt ans, et indispensables pendant une certaine période dans un pays aussi puissant, aussi prolifique, aussi industriel.

Je viens de vous parler des États-Unis. Indépendamment de tous les avantages que ce pays possède, il y a lieu de se rappeler que ses habitants forment ce qu'on appelle la race anglo-saxonne. Nos races latines ont bien du mal à lutter à armes égales avec les Anglo-Saxons, du moins pour certains combats. A nous, les victoires intellectuelles, scientifiques, sociales et morales, les œuvres d'art de tout genre, et même les conceptions les plus vives et les plus puissantes dans tous les domaines.

Mais, à eux, les victoires économiques, les travaux les plus vastes et audacieux de chemins de fer, de mines, les transports maritimes, les grandes entreprises réussissant par l'audace et par la ténacité.

Eh bien, Messieurs, cette race anglo-saxonne qui fait la force de l'Angleterre, des États-Unis, des États du Nord de l'Europe, vous pouvez aussi la former chez vous, en utilisant votre race latine merveilleuse, et l'anglo-saxonnisant quelque peu.

Je crois que ce résultat peut être obtenu rapidement, aussi bien au Brésil, qu'il a été obtenu ces dernières années en République Argentine.

Je ne connais pas encore l'Argentine, et j'y vais en quittant Rio-de-Janeiro. Mais j'ai tellement vu d'Argentins à Paris, j'ai tellement lu d'ouvrages sur ce pays, que je me le figure très bien et j'ai déjà formé ma propre opinion, qui, je l'espère, sera confirmée lors de mon prochain voyage.

Donc, à mon avis, les Argentins ont déformé petit à petit leur origine latine et se sont fortement américanisés, sinon dans leurs mœurs sociales, mais du moins dans leur méthode générale de travail.

Là-bas, aucun souvenir des lenteurs proverbiales de l'Espagne ou du Portugal. Rapidité de décision dans toutes les entreprises.

Discussion immédiate de toutes les affaires, sans la banalité des formules superflues de politesse et de courtoisie en usage ici.

Les résultats de cette amalgamation des qualités maîtresses dans chacune des deux races anglo-saxonne et latine ont produit la race Argentine, qui est, en Amérique du Sud, à peu près ce qu'est la race mexicaine dans l'Amérique du Nord.

Une heureuse influence s'en est immédiatement manifestée dans les progrès de la République Argentine.

Votre voisin, Messieurs, a certainement moins de richesses que le Brésil. Mais il jouit d'un climat tempéré, facile à supporter par tous, il n'a pas de grands obstacles comme les forêts vierges, les montagnes, les fleuves immenses. Les terres sont d'un niveau sensiblement égal, permettant les vastes cultures. Sa terre n'est pas meilleure que la vôtre, mais elle est cultivée de tous les côtés.

L'immigration, bien organisée, y est venue en grand nombre, mais cependant la population est encore très faible, près de quatre fois moindre que la vôtre.

Seulement la fortune de l'Argentine a été d'une foudroyante rapidité. Pourquoi ?

Parce que les habitants ont utilisé, sans perdre une seconde, les facilités qui leur étaient offertes. Les grands commerçants, agriculteurs, financiers de l'Argentine n'ont pas craint d'acheter eux-mêmes les terrains, de les mettre en valeur, de créer partout des centres agricoles ou commerciaux.

Aussi, les résultats sont-ils venus si vite, que l'Argentine a été elle-même toute surprise, que l'Europe a été émerveillée et qu'elle s'est à son tour jetée sur le pays, en y apportant toute son aide industrielle et y donnant à pleines mains les capitaux les plus vastes.

La fortune argentine, plus heureusement répartie que celle du Brésil, se compose presque exclusivement des exportations du blé, du maïs, de la laine et de la viande séchée ou frigorifique, de l'avoine, des cuirs, etc.

Ces divers articles sont d'une demande universelle : leur cours en est régi par les marchés du monde entier, et ne varie jamais que dans les proportions raisonnables.

Il en résulte que, sauf déficit absolu d'une récolte, la balance économique de l'Argentine suit continuellement une marche ascendante : son exportation est actuellement d'environ deux milliards de francs, soit près de 500 millions de plus que celle du Brésil.

Au contraire, au Brésil, comme vous le savez tous, la richesse nationale, du moins en ce qui concerne l'exportation, se limite au café et au caoutchouc. Ces deux produits sont, avec le coton, les trois articles d'ordre végétal les plus spéculatifs du monde.

Il en résulte, pour votre pays, une inégalité de richesse regrettable. Ces dernières années, une hausse considérable et ensuite une baisse non moins forte, se sont produites sur le caoutchouc.

Par contre, la situation du café s'est fortement améliorée et une grande hausse s'est manifestée, pour le plus grand bien national.

Mais ces deux grands produits qui forment la base de votre commerce mondial, n'enrichissent le Brésil que dans deux régions nettement déterminées.

Au contraire, en Argentine, presque toutes les provinces sont prospères, ayant toutes la possibilité de produire et d'exporter la presque totalité des grands articles de production du pays.

Vous avez donc sous les yeux, dans votre continent américain, deux exemples de premier ordre, qui montrent ce que peuvent l'énergie et l'audace dans les pays neufs et prolifiques.

En faisant la part des différences de contrées et de races, il vous est cependant possible d'égaler, et peut-être même de dépasser proportionnellement, et en employant les méthodes appropriées, la prospérité des deux grandes républiques sœurs de la vôtre.

Votre pays, Messieurs, si magnifique de nature et de richesses de tous genres, offre par contre de graves obstacles à une expansion rapide.

D'abord, le climat ! Je sais bien que, de l'avis des Brésiliens, celui-ci n'est pas tellement désagréable qu'on le dit en Europe.

Cependant, laissez-moi vous parler franchement.

Pour un Européen, excepté peut-être pour les habitants du sud de l'Espagne ou du sud de l'Italie, le climat brésilien est très difficile à supporter.

Évidemment, on y arrive, mais ce n'est qu'à force d'habitude, en restant longtemps dans le pays, en adoptant les usages créés par les nécessités locales.

Tout cela est un grand obstacle à l'immigration rapide et spontanée des Européens.

Je signale de suite cet obstacle, pour que, dans les combinaisons propres à attirer les émigrants, vous ayez toujours le souci de les faire venir tout d'abord dans les parties les plus fraîches, les plus saines du pays. Petit à petit, ces émigrants changeront de résidence après s'être habitués au climat et deviendront d'excellents colons en n'importe quel endroit.

Le Brésil, pendant longtemps encore, n'aura presque toutes ses communications que par les côtes : ses villes d'intérieur mettront donc de longues années à se développer, à moins que de nouveaux centres importants, miniers ou agricoles, ne se créent.

Ces centres, il faut les faire surgir le plus vite possible. Je viens d'apprendre avec satisfaction les nouvelles entreprises d'élevage dans l'État de Matto-Grosso, et les importantes entreprises de minerai de fer dans l'État de Minas.

Je viens de voir, pendant mon séjour à Rio et à Sao-Paulo, un très grand nombre de Français, d'Anglais, d'Américains, venus pour étudier les affaires de terrains, de culture, d'élevage, des forêts.

Heureux symptômes, qui me font bien augurer du développement très prochain des formidables richesses de tout genre qui dorment encore dans les profondeurs de votre territoire.

Les voies ferrées sont de plus en plus nécessaires dans le monde entier, et en particulier chez vous. Les millions et millions dépensés avec soin et avec discernement sont la graine prolifique qui créera la Richesse. Construisez des chemins de fer de tous côtés, surtout transversalement !

Il me paraît extrêmement remarquable de constater que la puissance économique actuelle du Brésil a été créée en réalité par une très petite minorité de citoyens.

D'où je déduis, en me reportant d'autre part à l'extrême qualité intellectuelle des hommes politiques, des littérateurs, des hommes publics de votre pays, que la Race brésilienne est une race très supérieure. Et, messieurs, je ne veux pas vous flatter, je ne suis pas ici pour cela, mais je tiens à vous dire mon impression toute personnelle. — J'ai constaté dans diverses classes de la société des intelligences si vives, si ouvertes, si éclairées, que je ne puis faire autrement que de le constater, votre modestie dût-elle fortement en souffrir.

Par conséquent, si une poignée de citoyens, dans un aussi

vaste pays, hérissé de difficultés naturelles, a pu arriver au résultat actuel, il est certain que, dans très peu de temps, les jeunes générations, déjà mieux formées que la précédente, pourront encore davantage et plus rapidement augmenter l'essor économique du pays.

De suite après l'intelligence des citoyens, je place, comme motif de succès, votre organisation administrative.

Je ne veux certes pas aborder la question politique, que je ne connais du reste pas — et il y a bien assez de personnes au Brésil qui s'en occupent!

Mais la division de vos États, leur propre autonomie, leurs parlements respectifs, le souci de leurs gouverneurs pour leurs progrès économiques, ont contribué et contribueront pour beaucoup à la création des richesses locales.

A ce point de vue, votre organisation intérieure a donné de bien meilleurs et plus rapides résultats que l'organisation similaire des États-Unis.

Enfin, le troisième motif, et c'est, je crois, un des plus importants, de vos grands succès des dernières années, a été l'influx considérable des capitaux étrangers, principalement des capitaux français.

C'est, comme vous le savez, le sujet de ma conférence, et je vais tout à l'heure aborder plus largement cette question.

En résumé, je vois trois grandes causes de prospérité pour le Brésil, tel qu'il est, géographiquement parlant :

    1° Intelligence supérieure des classes dirigeantes;
    2° Bonne organisation politique et administrative;
    3° Larges concours financiers du dehors.

Il ne s'agit donc pour vous, Messieurs, que de maintenir et d'augmenter, si possible, ces bienfaisants facteurs.

Mais, à côté des fleurs que je viens de vous donner, et qui sont bien méritées, je le répète, il y a quelques épines politiques, économiques et financières.

Les premières, je n'en parle presque pas. Charbonnier est maître chez soi, comme nous disons en France.

Dans mon pays, la politique n'intéresse plus personne, excepté ceux qui en vivent. Les hommes d'affaires, les commerçants, industriels, s'occupent de leurs propres intérêts. Ils conservent, haut et pur, à toute occasion, le sentiment patriotique lorsqu'il s'agit de la France, mais négligent absolument les questions politiques locales et de personnes.

Je ne sais exactement ce qui se passe chez vous et je ne l'ai pas demandé. Mais je souhaite qu'il en soit au Brésil ainsi qu'il en est en France : qu'une sélection d'hommes intelligents s'occupe des intérêts publics, soit. Mais laissez les hommes d'affaires, d'industrie, s'occuper de toutes les grandes entreprises commerciales ou industrielles, laissez-les à leurs affaires...

C'est ce qui se passe en particulier aux États-Unis et en République Argentine. Je ne puis vous donner de meilleurs exemples.

Mais le point sur lequel je veux appeler votre attention, c'est sur l'écho en Europe, et principalement en Angleterre, de vos querelles politiques intérieures.

C'est certainement, et principalement par suite de vos questions politiques, que le crédit de l'Angleterre en faveur du Brésil s'est presque complètement arrêté.

En France, nous n'avons pas les mêmes sentiments, car nous avons tellement l'habitude des discussions politiques, des changements de personnes ou de programmes, que nous savons bien que, pour employer une expression courante, tout s'arrange... et que, plus ça change, plus c'est la même chose.

Mais, je vous signale amicalement l'impression plus sérieuse que nos amis les Anglais ont de toutes les discussions politiques, lorsqu'elles risquent de troubler la fortune d'un pays.

Une seconde épine, qui me paraît tout aussi sérieuse, et qui m'a frappé brutalement dès mon arrivée, est la question de la cherté de la vie.

J'ai parcouru le monde entier, j'ai vécu à Johannesburg, à

Saint-Pétersbourg, à San-Francisco, c'est-à-dire dans les villes réputées jusqu'alors les villes les plus chères du monde. Elles sont bon marché quand on les compare à Rio-de-Janeiro.

Ma surprise a été extrème lorsque j'ai vu la folie, l'abus scandaleux des prix de tout ce qui est nécessaire à la vie au Brésil.

Comment voulez-vous prospérer rapidement dans ces conditions, je vous le demande !

Ces prix ridicules atteignent tout le monde, et surtout bien entendu, ceux qui ne font que passer, et ceux qui ne restent pas assez longtemps au Brésil pour se faire une situation en rapport avec leurs dépenses.

Je ne veux pas seulement parler des objets de luxe, comme le champagne, les cigares, les vins, qui se vendent ici des prix fous, mais tous les objets les plus utiles à l'existence sont également d'un prix excessif.

On me dit que les Brésiliens n'achètent rien à Rio, qu'ils vont en Europe tous les ans et rapportent tout ce dont ils ont besoin! C'est possible, mais ce n'est pas avantageux pour le commerce local.

Il serait trop long d'énumérer tous mes griefs contre-les prix de tout, depuis les automobiles à 10 ou 15$000 l'heure, depuis un habit de soirée coûtant 600 milréis chez un bon tailleur, soit 1.000 francs, tandis que j'en ai quatre à Londres pour le même prix, depuis la bouteille de champagne coûtant 25$000 réis, soit 40 francs, quand elle ne coûte que 25 francs à Johannesburg, la ville de l'or! Une paire de souliers en toile blanche coûtant 26$000 réis, lorsqu'elle est vendue 15 francs à New-York ou à Paris... tout enfin, dans les mêmes proportions, aussi bien pour les articles riches que pour ceux nécessaires à la classe moyenne, aussi bien pour les vêtements que pour les articles de consommation, aussi bien pour les matériaux de construction, les meubles, les loyers, tout, tout enfin.

Deux causes principales expliquent, mais ne justifient pas, un abus ridicule et odieux, qui suffit à éloigner des milliers de voyageurs.

D'abord les taxes douanières. Elles sont établies dans des proportions beaucoup trop exagérées, d'abord par nécessité de faire rentrer de grandes sommes au trésor brésilien — et ensuite, pour créer, en faveur de l'industrie nationale, une protection abusive et même superflue.

Je sais bien que les États-Unis ont grandi d'une manière si formidable industriellement, grâce à leur tarif protectionniste. Mais ce qui convient à un pays ne convient pas nécessairement à un autre. Les États-Unis sont un pays éminemment industriel, produisant le fer, le charbon, le pétrole, l'or, le cuivre, etc. Le Brésil est un pays principalement agricole, dont la population est le contraire de ce qu'il faut envisager comme population industrielle et ouvrière.

Ensuite, les États-Unis ont 100 millions d'habitants, qui consomment tous, proportionnellement, plus que dans tout autre pays.

Au Brésil, au contraire, les neuf dixièmes des habitants vivent très simplement, sans besoins ni confort, et, par conséquent, ne sont pas des consommateurs importants.

Ils ne peuvent du reste pas le devenir, par suite justement de la cherté abusive de la vie.

Ce protectionnisme a permis certainement à une foule d'industries de fonctionner au Brésil. Mais pour les mêmes raisons que j'ai constatées autre part, c'est-à-dire exagération des privilèges et des avantages donnés sans discernement ni expérience, l'industrie ne fait pas de progrès très réguliers ni méthodiques. De gros bénéfices, de trop grands bénéfices sont réalisés dans certaines industries, et amèneront forcément une concurrence telle que ces industries deviendront mauvaises. Je citerai, par exemple, les fabriques de cotonnades, dont le nombre est maintenant presque déjà trop considérable.

Même en désirant favoriser le plus possible l'industrie du pays, ce qui est un but fort légitime à atteindre, il serait urgent de diminuer fortement de nombreux droits de douane, soit sur des articles importés, entrant dans la fabrication faite au Brésil, mais surtout sur des articles nécessaires, utiles à l'existence, comme les pommes de terre, pour ne citer qu'un exemple, qui ne se récoltent pas au Brésil.

Bien entendu, comme il n'y a pas lieu de diminuer les recettes du Trésor, mais, au contraire, de les augmenter régulièrement, il est nécessaire d'établir d'autres taxes de remplacement, ce qui ne doit pas être bien difficile à faire, dans un pays qui n'a pour ainsi dire pas d'impôts!

En tout cas, permettez-moi de vous dire que le tarif de vos douanes est absolument excessif, et qu'il est la cause directrice de la vie chère et même, en me plaçant à un autre point de vue, il favorise tous les abus, la fraude et la corruption.

Aux États-Unis, que je continue à citer comme exemple, l'abus momentané des tarifs douaniers, surtout il y a quelques années, a eu diverses répercussions économiques importantes :

1° D'abord, bénéfices industriels exagérés qui ont permis la création des trusts, lesquels ont petit à petit monopolisé toute activité industrielle américaine;

2° Hausse constante du prix de la vie, qui a déterminé le Sénat américain à redemander des réductions des droits protecteurs;

3° Agitation politique considérable dans tout le pays, contre la vie chère, et certitude que les prochaines élections vont se faire exclusivement sur la question de la Réforme du Tarif des douanes.

Vous voyez, Messieurs, que cette question est des plus importantes, puisqu'elle est maintenant la directrice générale de toute la politique intérieure nord-américaine.

L'autre cause que je vois, à la cherté de la vie dans votre pays, est l'habitude, contractée depuis longtemps chez vous, de vouloir trop gagner et trop vite.

J'explique cette particularité par le fait qu'autrefois, vos commerçants étaient presque tous portugais ou étrangers, qu'ils venaient au Brésil faire fortune, et qu'il leur fallait aller vite.

Cette habitude a subsisté; la concurrence est ici moins vive que partout ailleurs dans le monde; la consommation absorbe facilement les marchandises importées dont les stocks sont toujours très modérés sur les marchés brésiliens.

Les commerçants ou industriels ont donc pris l'habitude de demander de trop gros bénéfices — j'ai étudié et vu plusieurs articles dont les prix de vente étaient supérieurs de 150 et même 200 % au prix d'achat. C'est excessif!

Au point de vue particulier, cette manière de procéder a peut-être du bon — au point de vue général, elle est tout simplement ridicule et paralyse le progrès.

Il s'ensuit que, tout s'enchaînant dans l'existence, les salaires sont plus élevés qu'autre part, les appointements, honoraires, retraites des fonctionnaires, tout enfin est surtaxé, et que l'ensemble de tout produit la vie chère, contre laquelle je ne cesse de protester, dans votre intérêt.

Comment voulez-vous que les émigrants viennent en grand nombre dans le pays, que les étrangers s'y fixent et y fassent souche, si tout ce qu'ils gagnent péniblement sous un climat difficile est enlevé au fur et à mesure par le coût de l'existence, sans possibilité pour la masse, de mettre de l'argent de côté et de se créer une petite fortune, comme ils le font aux États-Unis ou en Argentine ?

En résumé, à mon avis, aucun pays ne peut largement prospérer, dans les conditions économiques actuelles du Brésil. Ni le commerce, ni l'industrie, ni la culture ne peuvent augmenter, si une main-d'œuvre abondante, de bonne qualité et d'un prix normal ne peut être obtenue, ce qui est incompatible avec la situation actuelle.

Enfin, Messieurs, pour terminer avec la dernière des épines dont je vous parlais tout à l'heure, il est regrettable de constater la régularité de vos déficits en matière budgétaire, aussi bien en ce qui concerne l'État fédéral, qu'en ce qui concerne vos municipalités, et principalement votre capitale.

Je m'empresse de vous dire que ces déficits ne m'épouvantent pas : ils sont faciles à combler très rapidement, par un relèvement des taxes fédérales ou autres, avec une nouvelle assiette budgétaire à laquelle vous serez bien vite forcés d'arriver.

Vous allez me dire : « Mais vous, en France, en Angleterre, un peu partout, vous avez aussi souvent des budgets en déficit, et vous ne vous en portez pas plus mal! »

Cela est exact, mais, pour ne parler que de l'Angleterre et de la France, nous sommes en présence de deux bien vieilles dames, qui se connaissent depuis longtemps, et qui n'ont plus grand'chose à craindre, surtout en mal! Lorsque nos budgets sont établis, à force d'impôts nouveaux de tout genre, les ministres ne tiennent pas souvent compte des vaches grasses qui peuvent arriver, et c'est souvent par un grand bonus que les budgets établis avec peine se soldent à la longue.

En particulier, pour la France, malgré l'énormité de nos dépenses, le budget de 1911 se solde par 400 ou 500 millions de plus-values de recettes, par suite des mauvaises récoltes d'il y a deux années, et qui ont provoqué une importation considérable, synonyme de grands droits de douane.

En Angleterre, où il n'y a presque pas de droits de douane, c'est la même chose — les impôts de succession, d'income-tax, ont toujours si fortement augmenté, que les budgets les plus largement dotés dernièrement du fait des nouvelles lois sociales de retraites, d'assistance, etc., sont tous en plus-value marquée.

Je suis absolument persuadé qu'il en sera de même au Brésil, aussitôt que les budgets seront établis, avec économie, bien entendu, mais surtout en prévoyant bien tous les événements fâcheux qui peuvent se produire. Si la prospérité actuelle continue, ce qui ne fait aucun doute à mon avis, vous verrez que, très rapidement, vos déficits se changeront en excédents, qui régulariseront en quelques exercices toutes les moins-values antérieures, et assoiéront définitivement une parfaite situation financière.

Je me suis laissé aller, messieurs, à parler peut-être un peu trop longuement des questions d'ordre général, avant d'aborder la partie financière de mon étude.

Mais, dans un pays aussi jeune et aussi ardent que le vôtre, tous les événements politiques, économiques et financiers se produisent simultanément et sont liés trop intimement pour qu'on puisse les isoler dans une étude.

La véritable situation financière du Brésil date de la création de la Caisse de Conversion, qui a amené une stabilisation presque complète du change.

Il serait imprudent de chercher dès maintenant, à provoquer une hausse factice du change.

Celle-ci se produira fatalement à un moment donné, après une stabilisation favorable des forces économiques du pays.

Il en a été de même en Argentine, où la question du change est pour ainsi dire supprimée : en Italie, où le change a disparu tout à fait, en Espagne, où le change a une bonne tendance à se rapprocher du pair.

Mais une hausse du change, produite uniquement par des achats d'or ou de traites sur le marché, ne se soutiendrait qu'avec de vastes capitaux, que le Gouvernement seul pourrait avoir à sa disposition, et qui seraient presque forcément absorbés et perdus à la moindre alerte.

Votre Caisse de Conversion fonctionne d'une manière satisfaisante, ayant environ £ 25.000.000 de numéraire.

Il m'a semblé qu'il serait peut-être possible, pour le Gouvernement, d'employer une grosse partie de cette somme immobilisée, en achats de bons de trésor d'Angleterre, de France, d'Allemagne ou des États-Unis, ce qui lui produirait un intérêt d'une certaine importance, sans aucun risque, et avec la possibilité de mobiliser les capitaux à toute époque, à la première nécessité.

Cette vaste opération de conversion a rétabli la confiance européenne pour le Brésil.

La seconde opération qui a fait la plus forte impression en France et en Angleterre, a été la valorisation du café qui, bien que créée en vue de protéger presque exclusivement l'Etat de São-

Paulo, est devenue une entreprise nationale, dont le brillant succès a rejailli sur le Brésil tout entier.

Ce n'est pas ici le moment de discuter cette opération. Le triomphe actuel suffit à la justifier, bien que pour beaucoup de personnes, elle ait paru absolument folle, et que même au moment où elle était envisagée, la maison Rothschild ait publié une lettre disant qu'elle ne compromettrait pas sa maison dans une pareille aventure.

Le passé et le présent de cette combinaison financière sont acquis, et c'est le succès, le triomphe...

Reste l'avenir! Certes, les données économiques actuelles tendent à montrer l'avenir sous les couleurs le plus roses et on espère que la totalité de l'affaire de valorisation sera liquidée en très peu de temps, avec un bénéfice considérable, et en laissant une situation générale magnifique.

Je veux bien l'espérer, mais je ne saurais faire de prophéties. Je me rappelle simplement avoir vu les cours du café à 126 francs les 50 kilogrammes, puis à 26 francs et maintenant à 85 francs.

A chaque moment, il y avait des haussiers et des baissiers, d'excellentes conclusions dans le sens de la hausse, et de non moins excellentes conclusions dans le sens contraire.

Qu'il me suffise de dire que les événements les plus inattendus se produisent toujours en matière de spéculation, qui démolissent en un instant les combinaisons et les espérances les mieux établies.

N'oubliez pas que la hausse exagérée du café a comme corollaire une diminution immédiate et importante de la consommation, que le stock des cafés appartenant à la valorisation est encore d'environ 6 millions de sacs;

Que les stocks visibles du monde depuis quelques années sont toujours dans les environs de 14 millions de sacs, tandis qu'il y a 10 ou 15 ans on ne trouvait que 3 ou 4 millions de sacs en stock dans le monde;

Que la spéculation travaille à terme, et ne livre pas la marchandise;

Que le commerce ne fait plus d'approvisionnements et achète seulement au fur et à mesure de ses besoins ;

Enfin, et surtout, que les plantations vont reprendre de plus belle, et que s'il plaît à Dame nature de se montrer prodigue, une récolte monstre peut très bien se produire dans un an ou deux ans, et toutes les belles combinaisons de hausse s'envoleront bien vite.

Ceci n'est pas pour effrayer, mais simplement pour faire constater les possibilités adverses !

Ce n'est que depuis peu d'années que le Brésil a commencé à emprunter largement en Europe. Son crédit en tant qu'État fédéral, a été définitivement établi, d'abord par l'opération de conversion, et surtout par l'appui moral constant que lui a donné la toute-puissante maison de Rothschild de Londres.

A mon avis, et contrairement à d'autres opinions autorisées, je trouve que l'État fédéral a très peu emprunté relativement à la puissance économique du pays et à ses ressources.

En prenant les chiffres de la remarquable revue commerciale annuelle publiée par le *Jornal do Commercio*, je trouve que le total des emprunts extérieurs fédéraux brésiliens est de moins de deux milliards et demi de francs.

Que le total des emprunts des États est à peine d'un milliard de francs.

A ces sommes, il y a lieu d'ajouter cependant les engagements divers contractés par le Gouvernement fédéral ou par les États, surtout de garanties d'intérêts à des Sociétés de chemins de fer et à certaines institutions de crédit.

Mais je considère, surtout, en ce qui concerne les chemins de fer, que ce ne sont que des engagements minimes, et qui, à un moment donné, seront libérés par les recettes ou par la possession des chemins de fer.

Même en France, tous les chemins de fer ont été construits à l'origine avec la garantie entière de l'État français, qui continue encore à combler les déficits de certaines lignes, mais qui, par contre, deviendra propriétaire des chemins de fer dans une période d'environ 50 années.

On peut même dire que la totalité de la dette publique française, évaluée à 33 milliards de francs, est en quelque sorte gagée et sera récupérée par l'entrée en possession des réseaux des chemins de fer français.

Par conséquent, en ce qui concerne le Brésil, je ne vois pas avec regret les engagements nouveaux pris pour les chemins de fer à condition toutefois que les garanties d'intérêt ne soient données que pour des lignes réellement utiles, étudiées, et où les prix de revient et de construction soient bien établis, dans des conditions normales et équitables.

Pour résumer ce point de vue, je trouve sincèrement que le Brésil n'est pas endetté d'une manière excessive, loin de là.

La maison Rothschild a donné l'appui de son nom aux grandes opérations d'emprunts fédéraux, il ne faut pas cependant penser qu'elle prête largement son concours aux affaires brésiliennes.

Elle a naturellement le privilège de choisir les propositions qui lui conviennent le mieux, et, toutes ces dernières années, les émissions qu'elle a acceptées ont été rares.

Par contre, la France, qui semblait ignorer tout à fait le Brésil, s'est précipitée sur toutes les affaires sérieuses que lui ont été apportées et aucun concours financier n'a été refusé.

L'Angleterre a continué à s'occuper des quelques vieilles affaires industrielles ou de chemin de fer de premier ordre dont elle avait commencé l'établissement, il y a déjà longtemps.

Mais le marché de Londres néglige de parti pris toutes les affaires brésiliennes, à de très rares exceptions près.

Pourquoi ?

Tout d'abord, messieurs, il y a, comme je le disais tout à l'heure, une certaine crainte, certainement exagérée, des questions politiques, qui, parfois, troublent quelque peu votre République.

D'autre part, Londres laisse deux ou trois grandes maisons de la Cité, les Rothschild, les Seligmann, les Henry Schrœder et Cⁱᵉ, presque monopoliser le Brésil. Les autres financiers n'ont pas le désir, soit de concurrencer ces grands banquiers, ou alors pensent que si ces banquiers ne font pas eux-mêmes une certaine affaire, c'est qu'ils ont leurs raisons pour ne pas la faire, et, à leur tour, ils s'abstiennent.

Il y a encore deux autres raisons principales et certaines de l'abandon des affaires brésiliennes par le marché de Londres.

Les Anglais aiment bien les affaires d'ordre spéculatif : ils s'intéressent volontiers aux titres de mines d'or, aux grandes exploitations industrielles, aux affaires de pétrole, etc., ayant de grandes chances de plus-value.

Les affaires d'emprunt des Etats ou de Municipalités ne rentrent pas si bien dans cette catégorie.

Mais la raison principale est que le marché anglais, depuis la guerre du Transvaal, ne s'est pas ressaisi, et a perdu son ancienne activité et sa grande puissance reconnue autrefois.

Les capitaux disponibles sont utilisés en grande partie dans les colonies anglaises. Celles-ci se sont tellement développées, qu'elles-mêmes emploient chez elles leurs propres capitaux, qui, autrefois, allaient à Londres chercher des placements fructueux.

Puis le marché financier de Londres n'a plus de dirigeants actifs — et, à part quelques rares périodes de *boom*, comme il s'en est produit un sur le caoutchouc il y a deux ans, les affaires restent très calmes, et les grandes fortunes ne se sont plus faites dans le monde de la finance.

Enfin, toutes les grandes maisons de la Cité, les grands banquiers et autres puissances financières, sont très mal disposées pour le Gouvernement libéral anglais actuel — aucun soutien n'est donc donné à un marché livré à lui-même, et qui déclinera ainsi jusqu'au jour d'un brusque réveil, bien difficile à prévoir.

Toutes ces raisons expliquent l'inaction de l'Angleterre pour les placements au Brésil.

Mais, d'autre part, voyons ce qui se passe en France.

D'abord, mon pays a une puissance d'économie remarquable et inégalée dans le monde. Tous les ans, environ trois milliards de francs cherchent des placements nouveaux.

En second lieu, les banquiers français, depuis cinq ou six ans, ont eu une idée merveilleuse.

Au lieu de faire acheter à la clientèle des actions industrielles ou de mines, sur lesquelles il y a toujours des risques, ils l'ont aiguillée sur les placements en obligations rapportant 5 0/0.

Pour les banquiers, le bénéfice sur le placement est peut-être un peu moins grand que sur les actions, mais par contre, ils conservent ainsi une clientèle, sans risquer de lui infliger des pertes.

Tous les emprunts des États, des Chemins de fer ou Banques garantis par un État, des Municipalités, etc., ont donc trouvé de suite des débouchés immédiats et considérables.

Les premières émissions faites en France dans cet ordre d'idées, ayant eu un grand succès, tous les banquiers se sont mis à la recherche d'affaires semblables.

En particulier, ils se sont précipités sur le Brésil. Pourquoi ?

Parce qu'ils se sont trouvés devant un jeune pays, prospère, ayant besoin de beaucoup de capitaux, et donnant facilement sa garantie aux affaires proposées.

Il y a donc eu, d'abord, des Brésiliens qui sont venus en France chercher des capitaux.

Puis, maintenant, il y a les Français qui, comme moi, par exemple, viennent au Brésil rechercher des affaires intéressantes pour en faire l'émission à Paris.

Actuellement, les calculs les plus précis permettent d'affirmer un fait qui vous fera certainement une forte impression.

Les neuf dixièmes de tous les capitaux de toutes les opérations financières du Brésil, emprunts fédéraux, emprunts des États, entreprises de chemins de fer, etc., opérations extérieures, bien entendu, sont entre les mains du public français.

Ce résultat extraordinaire est dû à la puissance formidable

d'absorption du public français qui, entre autres avantages, a une qualité inappréciable pour un banquier.

Il achète et il ne vend pas.

Le Français ne vend jamais, à moins que la valeur ne baisse, et même encore attend-il presque toujours que la valeur ne vaille presque plus rien pour la vendre.

Cette particularité du public français explique la lente et patiente absorption des actions et obligations de toutes les affaires brésiliennes.

Il achète non seulement les titres des Sociétés constituées sous le régime des lois françaises, mais surtout ceux des Sociétés constituées en Angleterre ou autre part pour des entreprises brésiliennes.

Tout cela est fort curieux et très intéressant à constater au point de vue psychologique. Cela indique tout d'abord le désir des Français d'avoir des valeurs étrangères dans leur portefeuille à cause de leur peur de l'impôt sur le Revenu, dont on parle tant en France.

Ensuite, cela indique aussi leur confiance, souvent mal placée, pour les affaires présentées par le marché de Londres ou par les financiers internationaux qui, naturellement, font leurs plus beaux placements en France.

Quelquefois, ce n'est pas sans regrets que je constate la situation insuffisante de mes compatriotes dans certaines affaires financières.

Par exemple, prenons deux des plus grandes affaires brésiliennes — le Brazil Railways, et la Rio de Janeiro Tramway Light Power Company.

Ces deux Sociétés exploitent le Brésil — l'une est formée légalement dans l'État du Maine, aux États-Unis ; l'autre a été constituée au Canada.

L'une a été fondée par un Américain, l'autre par un Canadien. Ces deux éminentes personnalités, auxquelles je tiens à rendre hommage en passant, n'ont pu réunir leurs énormes capitaux qu'à

Paris. C'est la France qui est de beaucoup le plus fort actionnaire de ces deux Sociétés. C'est en France qu'elles trouvent tous les ans les capitaux dont elles ont besoin, avec tant de facilité que dernièrement le Brazil Railways a fait, à Paris, une émission de 25 millions de francs d'actions de préférence, émission qui a été souscrite dix fois par le public français.

Tandis qu'à Londres, aux mêmes époques, un emprunt de £ 2.400.000 de l'emprunt fédéral recevait un échec formidable, puisque le public en souscrivait à peine 20 0/0, et que l'emprunt de £ 2.500.000 de la ville de Rio, à Londres, recevait le même échec, puisque les syndicataires recevaient 70 0/0 de leurs engagements.

Eh bien, Messieurs, pour en revenir à ces deux Sociétés, dont l'existence entière est entre les mains du marché français, les intérêts français sont absolument méconnus, et sauf d'infimes exceptions, ni les directeurs, ni les ingénieurs, ni les machines, ni le matériel ne viennent de France.

Il y a là une situation tout à fait regrettable pour nos intérêts français, et à laquelle nous avons le plus grand tort de ne pas prêter plus d'attention.

Nous avons, en France, assez d'hommes de valeur, nos industriels sont maintenant assez bien placés pour être appelés eux aussi à participer, dans une mesure équitable et à concurrence égale, aux grandes affaires dont nous, Français, fournissons les capitaux pour le grand intérêt de nos amis du Brésil.

Je sais que l'attention du Gouvernement français et celle de nos grandes banques ont été appelées très sérieusement sur ces questions si importantes à tous points de vue, non seulement par l'intérêt mercantile, mais aussi par l'intérêt que nous avons d'être en rapports de plus en plus étroits, industriellement et commercialement parlant, avec le Brésil.

Les banquiers de Paris ont, vis-à-vis de leurs collègues anglais, un grand désavantage.

Je veux parler des taxes qui, en France, frappent les Sociétés étrangères. Il y a ce qu'on appelle l'abonnement au timbre, qui consiste à payer annuellement à l'État français un ensemble de taxes, dont le total correspond à environ le dixième du montant de l'intérêt. C'est-à-dire que, par exemple, une obligation dont le revenu est de 5 %, ne rapporte en réalité qu'environ 4 1/2 %, par suite de ces droits de timbres.

Ces taxes s'appliquent à toutes les valeurs étrangères, excepté aux fonds d'État proprement dits, auxquels une taxe de 2 % sur le montant de l'emprunt est imposée au moment de l'émission.

Les Banques françaises ont pris la fâcheuse habitude de vendre à leur clientèle des titres abonnés au timbre, c'est-à-dire que les impôts sont à la charge des emprunteurs, et non à celle du public.

Il y a là une très sérieuse difficulté qui, très souvent, empêche une Banque française de pouvoir faire une affaire lorsqu'elle se trouve en présence d'un emprunteur ne voulant pas payer les taxes de timbre.

Le marché de Londres n'a pas cet inconvénient, ce qui lui donne un très grand avantage vis-à-vis des États fédéraux, des municipalités, par exemple.

Néanmoins, comme je vous l'ai dit, petit à petit, toutes les affaires brésiliennes finissent par trouver le chemin des porte-feuilles français, en passant par Londres.

Il est question en France, depuis plusieurs années, de modifier cette loi. Si cela se produit, il y a lieu d'espérer que les Banques anglaises, et toutes les grandes entreprises brésiliennes pourront être traitées définitivement et de suite sur le marché de Paris.

En attendant, il convient de vous dire que le total des capi-taux français employés en valeurs brésiliennes de tout genre est estimé à environ quatre milliards de francs, ce qui est une grosse somme.

La majeure partie des placements français au Brésil consiste dans les fonds d'État et dans les affaires des chemins de fer garantis par les États brésiliens.

Ces dernières années, plusieurs grandes Banques foncières et hypothécaires ont été constituées pour divers États brésiliens. Ces Banques sont un auxiliaire précieux de développement économique, puisqu'elles prêtent des capitaux aux négociants et aux agriculteurs, sur la base de 6 à 7 % d'intérêt annuel, tandis que jusqu'à leur apparition, des intérêts de 10 à 12 % et même davantage étaient souvent exigés.

Mais, comme je vous l'ai expliqué, les Français désirent un petit intérêt, à condition qu'il soit bien garanti.

Étant données les grandes chances d'avenir de la plupart des affaires brésiliennes, cette demande de la part du public français est très avantageuse pour votre pays, puisque ce sont les actionnaires, très souvent brésiliens, qui recevront tous les profits, une fois le modeste intérêt payé aux obligataires qui, en réalité, constituent presque exclusivement le capital.

A ce propos, laissez-moi vous signaler le fait que vos jeunes républiques sud-américaines recherchent, d'une façon exagérée, à traiter toutes leurs affaires d'emprunt, à des taux de plus en plus modérés d'intérêt, ce qui, petit à petit, indispose le monde de la Banque et même le public.

Je comprends fort bien que vous recherchiez à payer de moins en moins cher le loyer des capitaux empruntés, cela est fort légitime.

Mais, vous devez pourtant vous rendre compte que le public anglais ou français n'a aucune raison de placer son argent au Brésil ou en Argentine, s'il ne reçoit pas au moins 1 % de plus qu'il ne trouve en France ou en Angleterre pour des valeurs équivalentes.

Les États emprunteurs demandant de plus en plus des taux réduits, les frais des Banques émettrices en France et en Angleterre étant de plus en plus élevés, la concurrence de tous les emprunts du monde entier étant toujours fort vive sur les marchés de Londres et de Paris, il résulte de l'ensemble de ces faits que la plupart du temps, l'insuccès des émissions provient du prix exagéré auquel les emprunts sont proposés au public.

Ainsi, il y a quelques mois, à Paris, l'emprunt argentin 4 1/2 % de 350 millions de francs n'a pas été bien placé à son émission, parce que le prix demandé était 99 1/2 % — c'est dire presque le pair, sans offrir aux souscripteurs aucune chance de plus-value.

Petit à petit, les cours dudit emprunt à la Bourse de Paris ont sensiblement fléchi, et ce n'est que lorsque le prix a été d'environ 96 à 97, que le placement de cet emprunt a pu se terminer, avec difficultés, dans la clientèle.

Chez vous, l'insuccès à Londres des dernières émissions brésiliennes a eu les mêmes causes, en particulier votre emprunt 4 1/2 % de Rio-de-Janeiro offert au public à 92 1/2 %.

Nous estimons que les fonds brésiliens et argentins doivent être placés sur la base d'un revenu pour le public, d'environ 5 %. Ce n'est qu'à ce taux, permettant d'escompter peut-être une légère plus-value des titres, au fur et à mesure de leur classement dans les portefeuilles, que les capitaux français se montreront généreux et empressés.

Enfin, il ne faut pas oublier que le monde entier cherche de l'argent à Londres et à Paris. Il y a donc toujours plus d'affaires, et les banquiers finissent par se désintéresser des affaires où ils ne gagnent rien ou presque rien, car ils ont toujours la possibilité de placer les capitaux de leur clientèle dans de meilleures conditions, pour d'autres pays.

J'ai souvent entendu certains de vos compatriotes se plaindre que des affaires paraissant sérieuses et d'avenir, ne pouvaient être prises en considération par nos banquiers anglais ou français, si des garanties fédérales ou des États brésiliens n'étaient pas obtenues.

Il n'y a rien là d'offensant pour le caractère des affaires brésiliennes. Mais vous devez vous rendre compte des difficultés pour des banquiers européens de suivre ici la direction des affaires nouvelles. Ils préfèrent de beaucoup de plus petits bénéfices et moins de risques.

Quand les affaires sont en marche et fonctionnent régulièrement, les garanties demandées au début ne sont pas exigées, loin de là. Les actions même se placent avec facilité, comme par exemple, celles du Brazil Railways, ou celles de la Rio de Janeiro Tramway Light and Power, dont je vous parlais tout à l'heure.

Il en sera ainsi encore quelques années, mais lorsque l'Europe aura vu votre pays suivre son développement régulier et pacifique, que votre situation financière sera solidement assise, vos emprunts se feront avec plus de facilité encore que maintenant, et les chemins de fer et autres grandes entreprises nouvelles pourront être exécutés avec les seuls capitaux attirés, non plus par une garantie principale de l'État fédéral ou des États brésiliens, mais par la qualité même de l'entreprise.

Le très rapide coup d'œil que nous venons de jeter sur la situation financière du Brésil par rapport à l'Europe, nous permet d'apporter certaines conclusions, que je vais tâcher de résumer.

Tout d'abord, il est incontestable que le Brésil, dans toutes ses parties, offre un avenir des plus brillants.

Il y manque seulement des hommes, beaucoup d'hommes et des capitaux, beaucoup de capitaux.

C'est à vous, Brésiliens, à attirer les hommes de tout genre, importants ou manœuvres, ingénieurs ou ouvriers, pour combler les vides.

C'est à nous, Européens, à vous fournir des capitaux, raisonnablement demandés, et libéralement consentis.

Votre pays est une grande maison de commerce, qui voit ses affaires suivre une marche ascendante, si rapide, qu'elle ne sait pas exactement où donner de la tête, qu'elle doit tout suivre, tout surveiller à la fois, depuis la cave jusqu'au grenier, chercher des auxiliaires, des agents, des employés de tout genre, et s'assurer auprès de sa maison de banque tous les appuis financiers dont elle a besoin tous les jours davantage.

Cette maison de commerce, Messieurs, doit être sagement, économiquement administrée, avec cependant la largeur de vues nécessaire, pour ne pas manquer de profiter de l'heureux avenir qui lui sourit, et pour lui permettre de se tenir au rang qu'elle occupe vis-à-vis des maisons concurrentes.

En suivant ces simples règles, votre maison, c'est-à-dire votre beau pays, ne peut manquer de prospérer.

Il a, au point de vue financier, deux très bons banquiers, dont l'un est plus dur, moins large que l'autre. Le plus difficile est l'Angleterre. Le plus souple, le plus large est la France.

Maintenez à tout prix, et avec toutes les concessions compatibles avec votre bonne situation morale et économique, les meilleurs rapports avec vos banquiers, principalement avec le plus facile, c'est-à-dire avec mon pays.

Dans votre intérêt général, que toutes les affaires, sans exception, qui se traitent en France ou en Angleterre, soient de bonne qualité et n'amènent pas de déboires.

N'oubliez pas que les marchés de Paris et de Londres sont absolument solidaires l'un de l'autre, que tout ce qui se sait en Angleterre est connu instantanément en France — que si une émission rate à Londres, les banquiers français ont peur également pour leurs propres émissions, se montrent moins faciles et plus exigeants.

Que la plus grande bonne foi règle toujours vos opérations alors même qu'elles seraient onéreuses pour vous. Si un engagement est pris, quel qu'il soit, il faut le tenir, coûte que coûte. Souvent, dans les grandes opérations de travaux publics ou autres, des déconvenues peuvent se présenter et des pertes peuvent être réalisées au lieu des bénéfices légitimes attendus.

Soyez alors toujours très larges de vues, tâchez par tous les moyens de diminuer les pertes de vos financiers ou autres contractants, pour ne pas leur faire fuir définitivement vos affaires.

Comme je vous le disais il y a un instant, votre pays a besoin encore de vastes capitaux, plusieurs milliards de francs, pour continuer sa politique économique, construire des ports et des chemins de fer, ouvrir tout le pays à la colonisation, à la culture, à l'industrie, au commerce.

Ces capitaux, vous ne les trouverez qu'en Europe, et presque exclusivement en France. Je viens de vous expliquer pourquoi.

En conséquence, Messieurs, j'attire tout spécialement votre attention sur l'importance de rendre de plus en plus étroits les rapports de tout genre que nos deux pays entretiennent ensemble.

Ayez confiance en nous comme nous avons confiance en vous.

Malheureusement, dans les peuples comme dans la vie courante, ce ne sont pas toujours les prêteurs qui sont les plus aimés de leurs emprunteurs.

Nous avons même un proverbe en France qui dit que si on veut se fâcher avec son meilleur ami, il suffit de lui prêter de l'argent !

Bien entendu, je ne veux pas tirer de conclusions de ce genre, mais je voudrais, très amicalement, vous mettre en garde contre un sentiment qui est souvent naturel, le sentiment d'un peu de jalousie contre celui qui vous rend service.

Chassez de votre esprit ce vilain sentiment, si par malheur il y était entré. Au contraire, considérez vos banquiers anglais ou français comme des vrais amis, qui vous rendent service, tout en faisant eux-mêmes une bonne opération.

Agissez vis-à-vis d'eux en toute confiance, comme doit le faire un bon chef de maison envers son banquier.

Montrez-lui la situation exacte de vos affaires, faites voir vos bilans, vos bénéfices ou vos pertes. Ne lui cachez pas un déboire passager, car un bon banquier ne sera pas long à le découvrir, et vous en voudra de ne pas le lui avoir signalé.

En ce qui concerne plus spécialement la France, il me semble que nos deux pays sont arrivés à une union financière presque totale, puisque nous possédons 90 % de vos valeurs, et qu'il est fort probable que nous posséderons aussi 90 % des valeurs nouvelles que vous émettrez.

Eh bien, devant ce résultat qui est aussi flatteur pour un pays que pour l'autre, je crois que le Brésil ne doit pas hésiter une seconde à tendre loyalement la main à la France, à lui offrir, en toutes occasions et toujours, toutes les marques de sympathie, non seulement morales, mais aussi tangibles ; le Brésil doit se reposer sur notre pays comme sur un commanditaire, ayant des capitaux inépuisables, pas bien difficile à contenter, mais qui demande simplement à être traité en ami, et qui n'aime pas voir les autres s'asseoir à une table où sa place n'est pas toujours réservée.

J'estime que l'intérêt bien compris du Brésil est d'avoir à Paris un conseiller financier, en rapports journaliers et constants avec nos Ministres, avec les banquiers, avec les grands Établissements de Crédit.

Ce conseiller qui existe à Londres, doit encore bien davantage exister à Paris.

De même, nos grandes Banques parisiennes pourraient peut-être accréditer auprès de votre Gouvernement un représentant ayant toute leur confiance, et revêtu d'une mission sinon officielle, du moins officieuse. Je suis certain que très souvent votre propre Gouvernement voit avec regret des personnages non qualifiés venant du Brésil offrir à Paris des affaires douteuses ou mauvaises, en targuant de relations, de privilèges ou d'avantages qu'ils ne possèdent nullement.

Toutes ces affaires douteuses font le plus grand préjudice moral à l'ensemble du Brésil, qui a bien assez à faire, à mettre au point tout son organisme économique.

Je n'aborde que pour mémoire la question des rapports économiques et des tarifs de douane. Je me borne à souhaiter que, très rapidement, des relations plus intimes et plus cordiales puissent s'établir entre les deux pays, pour toutes les affaires commerciales et industrielles.

Messieurs, j'ai la bonne fortune de voir ce soir parmi vous un de vos éminents compatriotes, mon ami, M. João Teixeira Soares.

Je tiens à rendre hommage à M. Soares, qui a été le premier de vos financiers et de vos hommes d'affaires à venir en France chercher les concours de nos banquiers pour les entreprises brésiliennes.

Il y a de cela peut-être vingt ans. Aujourd'hui M. Soares est à la tête, comme président ou comme administrateur, d'une très grande quantité de vos plus grandes entreprises, et je crois que l'ensemble de ces entreprises possède plus de 500 millions de francs de capitaux, presque tous placés en France.

Eh bien, M. Soares vous dira, j'en suis convaincu, quels concours sympathiques, chaleureux, éclairés, il a toujours trouvés à Paris auprès de nos banquiers.

Son autorité personnelle, la qualité des affaires qu'il présentait, ont bien été pour beaucoup dans l'accueil sympathique qui lui a été réservé, mais il faut également y voir le souci de nos groupes financiers français d'aider, sans compter, toutes les entreprises brésiliennes, parce qu'ils ont toujours eu la plus entière confiance dans l'avenir de votre pays.

Sans vouloir empiéter en quoi que ce soit sur la situation considérable qu'occupent ici nos amis les Anglais, surtout dans les affaires de chemins de fer dans lesquels ils ont acquis une supériorité incontestable, sans vouloir ignorer la situation importante de nos amis américains, sans méconnaître la grande place commerciale prise par les maisons allemandes au Brésil, je suis néanmoins heureux et fier de constater que nous avons fait pour votre pays ce qu'aucune autre contrée du monde n'a fait et ne fera jamais.

Nous avons donné tout l'argent nécessaire, et nous le donnerons à de très petits taux d'intérêts et sans demander de grands avantages en retour.

Donnez-nous donc, Messieurs, ce que je vous ai demandé tout à l'heure, toute votre confiance, votre amitié, et, si possible, un peu de préférence, si cette préférence ne lèse pas vos intérêts...

Je suis arrivé au terme de la rapide étude que je m'étais tracée.

J'avais peur de fatiguer votre bienveillance, mais j'ai vu avec plaisir que votre attention restait sympathique.

Aussi bien, une conférence dans la langue française est pour vous aussi facile à suivre que dans votre propre langue. D'autre part, le sujet qui nous a occupés est d'un intérêt tout particulier pour tout votre beau pays, et par conséquent pour chacun de ses citoyens.

Je vous remercie tous d'être venus assister à cette causerie, je remercie en particulier M. le Président de la République, MM. les Ministres, M. le Ministre de France, M. le Consul de France, Messieurs les membres de la colonie française, colonie qui tient une si belle place dans les annales passées et présentes de votre ville.

Enfin, permettez-moi aussi de remercier les charmantes dames qui n'ont pas craint d'affronter la torture d'une si longue harangue.

J'espère, Messieurs, que mes prévisions optimistes en faveur du Brésil se réaliseront d'une manière normale et rapide.

Je crois que, dans moins de vingt ans, le Brésil sera un pays merveilleux, d'une prospérité formidable. Nous autres, pauvres Européens, nous n'avons que le passé pour réjouir nos yeux ; l'avenir pour nous en Europe est nul ; nous ne vivons que sur nous-mêmes, sans grands rêves de fortune à caresser. En Europe, tout est fait, acheté, vendu, planté, bâti.

Nous n'avons plus qu'une ressource : envoyer nos enfants et nos amis vers vos riches contrées, vous apporter un peu d'argent, un peu d'expérience et vous demander en échange, de nous associer un peu à vos brillants succès.

Merci encore, Messieurs, de m'avoir écouté jusqu'au bout. J'ai cru faire un peu de bien à l'idée commune de rapprochement entre nos deux pays, et ce sera pour moi un impérissable souvenir que celui de cette belle soirée, où mon cœur de Français a battu à l'unisson de vos âmes brésiliennes.

QUELQUES RÉFLEXIONS FINANCIÈRES

A LA

Suite d'un récent Voyage

AU

BRÉSIL et à la RÉPUBLIQUE ARGENTINE

QUELQUES RÉFLEXIONS FINANCIÈRES

Je crois utile de résumer dans les quelques notes qui suivent les différentes impressions que j'ai reçues lors de mon dernier voyage dans l'Amérique du Sud, et relatives aux questions connexes aux relations françaises financières dans ces pays.

Toutes ces questions ne sont pas nouvelles, ni dans mon esprit ni dans celui de la plupart des économistes et des financiers.

Elles ont cependant plus de force chez moi depuis que j'ai vu à Rio-de-Janeiro, au Brésil et en Argentine la très grande importance du capital français, et la très petite importance de l'influence française.

Il y a certainement la possibilité de remédier à cet état de choses, mais, avant de chercher à le faire dans l'Amérique du Sud, il faut d'abord combattre certaines habitudes et certains usages fortement enracinés à Paris, et c'est là le but de ces quelques notes.

Je les ai résumées en trois chapitres :

1º Insuffisance des bénéfices réservés aux capitalistes français dans les émissions. Direction à donner aux placements; plus d'actions et moins d'obligations;

2º De l'influence économique à obtenir pour la France parallèlement aux entreprises financées par la France;

3º La question de l'abonnement au timbre et des impôts sur les valeurs étrangères placées en France.

Il est incontestable que depuis quelques années, surtout depuis cinq ou six ans, la France a cherché et a réussi à prendre dans toute l'Amérique du Sud une situation prépondérante, au point de vue financier.

Les intérêts matériels français dans le continent sud-américain sont de deux sortes : les premiers sont les échanges économiques, importations et exportations, les seconds sont les placements des capitaux français, dans les grandes entreprises, dans les banques, dans les multiples opérations particulières, que le développement intensif des Républiques de l'Amérique du Sud provoque journellement.

Je ne désire pas apporter ici des chiffres et des statistiques, mais seulement donner une impression générale, fortifiée d'autre part, par les documents officiels, que peut laisser dans un esprit averti l'examen de notre situation, par rapport aux autres grandes puissances.

Les opérations purement commerciales, c'est-à-dire les échanges, sont au-dessous de ce qu'ils pourraient et devraient réellement être.

On sent que malgré tout le travail considérable fait depuis vingt ans, les Français ne sont pas encore au point; quelques rares exceptions sont à notre avantage, la généralité continue à être moyenne, d'efforts et de résultats.

Tant de personnes ont déjà donné des explications aux causes, ont indiqué des remèdes variés, j'ai moi-même écrit et conférencié à de si nombreuses reprises sur ces sujets, que je ne veux pas recommencer ici.

Le résumé est en quelques mots, que les Français ne fabriquent pas en grand ni dans de bonnes conditions les articles les plus utiles pour la catégorie des acheteurs des pays étrangers. L'article qui convient à la masse est mieux fait, établi mieux et meilleur marché et mieux vendu par les Anglais, par les Allemands et par les Américains du Nord.

Tous les discours, toutes les expositions et toutes les distributions de rubans rouges ne changeront pas ce fait brutal.

La France tient d'autre part son rang et même est en avance, pour les objets de luxe, dans l'ameublement, les articles de modes, l'alimentation fine, c'est-à-dire dans trois branches qui sont, en fin de compte, bien importantes.

Dans les machines, dans la métallurgie dans la grosse industrie, etc., la France n'existe plus, ou pour ainsi dire pas.

Une seule exception cependant est à constater, celle de la branche automobile.

Je ne veux pas faire de publicité à une maison quelconque, mais il est incontestable que certaines maisons d'automobiles ont vraiment compris ce qu'était l'industrie moderne. Les châssis sont fortement, solidement construits, par séries, dans les meilleures conditions économiques, et de qualité supérieure. Le résultat est que les châssis et les automobiles en général, fabriqués en France, sont maintenant appréciés et introduits dans le monde entier et qu'il sera bien difficile sinon impossible aux maisons étrangères de les déloger.

Pour une certaine fabrique de pneumatiques, dont le nom commence par un M. (vous voyez que je ne lui fais pas de réclame) j'ai constaté ce même résultat; pourquoi? Parce que l'article a été établi d'une manière industrielle parfaite, que, en l'examinant, on se rend compte de suite de la perfection du travail, de la qualité, de la solidité, en un mot, c'est un produit bien établi, et qui doit remplir toutes les obligations qui lui sont imposées.

Aussi, cette maison a-t-elle dans le monde entier une situation prépondérante, qui, j'en suis convaincu, ne pourra guère lui être contestée maintenant par qui que ce soit.

Donc, la France a su prendre, dans cette nouvelle branche de l'industrie, une place remarquable. Ceci est dit pour arriver à cette conclusion que la nouvelle génération industrielle française, qui prend en mains toute une nouvelle industrie, une nouvelle invention, paraît maintenant apte à obtenir, dans la concurrence du monde, une très grande place, sinon la plus grande.

Cette constatation est flatteuse et intéressante. Elle peut être vérifiée dans les fabrications nouvelles de moteurs à pétrole, d'aéroplanes, d'automobiles, des pneumatiques, des phonographes, des cinématographes, etc.

Il reste donc à souhaiter que ces mêmes progrès puissent être réalisés dans les anciennes grandes industries où nous sommes toujours en retard. Et surtout, alors, si nous nous plaçons au point de vue commercial, il faut obtenir de plus en plus la vente à l'étranger, c'est-à-dire le négociant, l'exportateur, le voyageur qui achète chez nous pour vendre au loin, ou qui s'établit au loin et achète en France, en un mot, l'intermédiaire, sous ses multiples formes entre le producteur français et le consommateur étranger.

Si maintenant nous examinons la situation de la France au point de vue financier, nous constaterons une situation toute différente et méritant un examen un peu approfondi, tant au point de vue du passé et du présent qu'au point de vue encore plus important de l'avenir immédiat.

En ne prenant comme sujets d'examen que le Brésil et la République Argentine, et bien que malheureusement, des statistiques précises n'existent pas, sauf pour ces toutes dernières années, nous pouvons cependant estimer que le capital français placé au Brésil est d'environ 4 milliards de francs, dont 400 millions placés en 1911. En République Argentine, en y comprenant les emprunts fédéraux, le capital financier français doit être d'environ 5 milliards, dont 650 millions placés en 1911. Il faut ajouter un chiffre important, mais non estimable, de capitaux privés investis par nos compatriotes dans des opérations commerciales ou dans des placements immobiliers.

La première pensée qui vient à l'esprit est évidemment la suivante : nous prêtons de grands capitaux à ces jeunes pays, ardents, riches, en pleine évolution économique; ils nous paient un intérêt de 4 1/2 à 5 1/2 % en moyenne, donc nous faisons un excellent placement.

Ce raisonnement peut être exact en soi, lorsqu'il est tenu par un bourgeois de Paris qui compte ses coupons et voit qu'avec 100.000 francs de capital, il a maintenant 5 ou 6.000 francs de rente, tandis qu'avant, avec le 3 0/0 français et les obligations de chemins de fer, il obtenait à peine 3.500 francs de rente pour le même capital employé.

Ce raisonnement, répété par des milliers et des milliers de citoyens, a eu deux grands résultats; il a contribué à déprécier fortement les cours de nos fonds nationaux par les ventes de ceux-ci pour des remplois plus avantageux. Il a augmenté, par contre, la valeur des fonds et placements sud-américains, au grand profit moral et matériel de ces jeunes pays.

Je continue ; au point de vue pratique, les capitalistes qui ont placé ces 10 milliards en Amérique du Sud reçoivent par an 100 millions en plus d'intérêts qu'ils ne toucheraient avec leurs placements français ; donc ils ont fait et font une très bonne affaire.

Ce dont je ne les blâme pas.

Ils ont naturellement une petite épée de Damoclès suspendue sur leurs têtes, mais cette épée est presque en carton ; je veux parler de la possibilité de bouleversements politiques ou économiques dans ces pays, propres à porter une grande perturbation et une forte baisse dans les cours des valeurs sud-américaines.

Je dois presque totalement écarter ces craintes pour deux raisons ; d'abord, parce que, très sincèrement, je crois que les deux pays qui nous occupent sont en pleine prospérité bien établie, que leurs Gouvernements deviennent de plus en plus sérieux et bons comptables des deniers publics ; en deuxième lieu, parce que maintenant, la haute finance franco-anglaise est si bien organisée et si puissante, elle a de si vastes intérêts à surveiller et à défendre que, même en cas de troubles ou de révolution, les cours des valeurs sont tenus d'une main de fer pour empêcher toute panique.

Les exemples abondent ; au Mexique, au Portugal, les révolutions mêmes coûteuses, longues et dangereuses, n'ont pas fait baisser les rentes d'une manière appréciable ; il y a deux ans, au Brésil, lorsque l'ineffable Candido a voulu bombarder Rio de Janeiro à la tête de la flotte soulevée, la rente brésilienne n'a pas bougé, sinon pour monter un peu.

En ce moment même une guerre inutile et ridicule existe entre l'Italie et la Turquie. Les dépenses des deux côtés sont considérables et appauvrissent les deux pays. La Bourse ne s'en préoccupe nullement et les cours des valeurs italiennes ou turques ne sont pas sensiblement affectés et rebondiront au-dessus de leurs anciens cours aux premières lueurs de la paix.

Nous sommes donc devant la situation suivante : les français placent de grands capitaux en Amérique du Sud pour toucher 1 0/0 ou 2 0/0 de plus de revenus.

Les pays d'Amérique du Sud s'enrichissent et se développent avec tous ces capitaux.

Mais nous Français, nous ne profitons pas de cette richesse journellement créée.

C'est là où je veux en venir, à ce point délicat?

Quelles sont les causes?

Que peut-on faire pour supprimer ces causes?

Pour expliquer tout cela, je dois remonter quelques années en arrière.

Je ne veux jeter la pierre à personne et je me contente de citer des faits.

Le système financier français est tel qu'il est. Ce n'est pas moi qui l'ai fait ni moi qui le changerai.

MM. Testis, Lysis et Cⁱᵉ ont produit des études superbes pour et contre l'oligarchie financière, le rôle des Établissements de crédit, leurs avantages, leurs défauts, etc. Toutes ces polémiques n'empêchent pas tous ces Établissements, toutes ces grandes Banques de prospérer et de faire de plus en plus l'aspiration de toutes les affaires financières mondiales aboutissant au marché français.

Bref, toutes les opérations financières, tout l'argent, toutes les économies, tous les capitaux disponibles existant en France, sont maintenant concentrés dans deux grandes corporations financières :

> 1ᵒ La corporation des grands Établissements de Crédit, des grandes Banques et des grands Banquiers;
>
> 2ᵒ La corporation des autres Établissements, des autres Banques plus petites et des Banquiers plus petits.

C'est-à-dire que tous les capitaux sont drainés, gérés ou dirigés soit par la première, soit par la seconde corporation.

Dans le premier cas, les placements sout quelquefois plus sûrs, mais toujours moins rémunérateurs.

Dans le second cas, les placements sont un peu moins sûrs, mais un peu plus rémunérateurs.

Mais, dans l'un et l'autre cas, le public *ne gagne pas*, il touche un revenu, il n'accroît pas son capital.

La Finance Parisienne a, en effet, l'habitude et le grand tort, à mon avis, de mesurer d'une manière trop parcimonieuse le bénéfice que pourrait, que devrait en bonne justice faire le capitaliste.

Le client a le droit généralement d'apporter son argent de deux manières principales :

> 1° Il souscrit des obligations à intérêt fixe immuable, rapportant de 4 1/2 % à 6 % d'intérêt.

Si l'affaire tourne bien, il ne touchera jamais que l'intérêt de son argent et le remboursement au pair, quelquefois avec une faible prime.

Si l'affaire tourne mal, il perdra son capital sans avoir eu à un moment le mirage du bénéfice possible;

> 2° On offre au public des actions de sociétés établies, soit françaises, soit étrangères (la plupart du temps étrangères).

Ces actions sont admises aux négociations de la Bourse et vendues, à leur introduction, à des cours presque toujours surfaits, escomptant l'avenir et ne donnant guère au public qu'une marge de perte.

C'est malheureusement la perte qui arrive le plus souvent, parce que, je le répète, le banquier émetteur cherche à faire pour lui et pour son entourage un bénéfice maximum; il tire la couverture trop de son côté, et laisse au public, même pour les bonnes affaires, une marge de bénéfice par trop mesurée.

Ces méthodes employées généralement pour toutes les affaires mondiales, et surtout pour les affaires sud-américaines, ont amené ces résultats regrettables que :

Les capitalistes ont reçu et reçoivent un revenu copieux, certes, mais n'ont presque pas la chance d'augmenter, de doubler quelquefois leur capital exposé.

En outre, presque toutes les meilleures affaires sud-américaines ont été faites par des étrangers, Anglais, Belges, Américains. Ce sont eux qui ont fait les plus gros bénéfices qu'ils ont partagés, lorsque cela était indispensable, avec les financiers français qui ont fait les émissions en France.

Le public, qui apporte son bel argent, ne gagne rien, presque jamais rien au moment de l'introduction.

Mais, heureusement pour lui, la merveilleuse prospérité des pays hispano-américains. exception faite de l'Amérique centrale, a permis à nombre de valeurs de devenir rapidement beaucoup plus rémunératrices qu'on ne l'espérait au moment du lancement, et, presque toujours, les cours de certaines de ces valeurs se sont notablement appréciés par suite de l'augmentation du taux du dividende. Par ces causes exceptionnelles, l'actionnaire a vu souvent son capital augmenter.

La conclusion de cette première critique est que, dans mon opinion, les grandes banques et les autres ne tiennnent pas assez en compte les intérêts du public, qui est considéré comme taillable et corvéable à merci. Il est vrai de dire que le public a en général, bien peu de reconnaissance pour le banquier qui lui fait gagner de l'argent. Il trouve ça tout naturel.

Les promoteurs anglais ou américains agissent tout différemment.

Ils font les émissions au pair, gardent pour eux une partie des actions d'apport ou des parts de fondateurs et le restant est donné aux souscripteurs.

Ils leur donnent par conséquent une « fair chance ».

En France, la chance est à faire, ce n'est pas du tout la même chose.

Cette manière de procéder a donc le grand inconvénient de ne pas permettre aux capitalistes français de doubler ou de tripler quelquefois leur fortune, comme cela se produit constamment dans les pays de l'Amérique du Sud et comme cela se produit également pour les promoteurs où pour les financiers qui créent et lancent les affaires lorsqu'elles sont tout à fait écrémées, et introduites sur le marché de Paris aux plus hauts cours.

La liste des affaires de ce genre serait interminable: qu'il me suffise de citer en Amérique du Sud : les Sociétés de Tramways de Buenos-Aires, celles des Chemins de fer de la République Argentine, la Brazilian Railway Company, la Rio-de-Janeiro Tramway, Light and Power Company, etc.

Au point de vue général français, sans prendre de cas particuliers, le résultat de cette politique financière est que la fortune de la France ne s'accroît que très modérément et non pas par des bénéfices réalisés sur les affaires, mais presque uniquement par la capitalisation des intérêts, par les économies sur les revenus, par les bénéfices des industriels et des commerçants français, par les bénéfices importants que laissent à tout le commerce les étrangers vivant et dépensant en France.

Aux États-Unis, on calcule que la fortune publique s'accroît d'environ 25 milliards par an. En Angleterre, elle s'accroît de 5 à 6 milliards par an, en Allemagne d'une dizaine de milliards par an.

En France, le maximum de l'accroissement annuel de la fortune publique peut être évalué à environ trois milliards et, comme je le dis plus haut, cette richesse est produite presque uniquement par une suite d'économies et non pas par des bénéfices faits sur des placements financiers.

Il est donc de toute urgence, aussi bien au point de vue général français qu'au point de vue des intérêts particuliers, que les grandes banques et les banquiers qui reçoivent la confiance de leurs clients, recherchent par tous les moyens possibles à augmenter les profits de ceux-ci, et abandonnent leur politique actuelle qui peut être très simple pour eux, et très facile à suivre, mais qui est déplorable au point de vue de l'intérêt général.

En effet, la consigne, dans les établissements faisant appel au crédit public, est de se borner depuis de longues années à faire souscrire leur clientèle à des fonds d'État, à des obligations garanties par les Gouvernements étrangers, à des lignes de chemins de fer ou à des Crédits fonciers de tous calibres et de tous les pays, pour leurs obligations exclusivement.

Par une publicité très coûteuse, mais solidement établie, on a fait croire au public depuis plusieurs années qu'il fallait se contenter d'intérêts un peu supérieurs à celui de la rente française, mais d'une garantie aussi sérieuse et qu'il ne fallait pas se laisser aller aux nouvelles entreprises.

Par l'organisation de toutes les banques d'émission, par suite des ramifications sans nombre qu'elles ont su établir en France, par les petits banquiers, par les agences et intermédiaires de tout genre, toutes ces obligations, ces placements ont trouvé un chemin, pour ainsi dire interminable jusque dans les poches des plus petits campagnards.

Les banquiers ont pu ainsi opérer plus facilement, sans se donner aucune peine autre que les combinaisons de syndicats pour la prise ferme des titres et les combinaisons avec les sous-syndicataires pour repasser ces titres au public; mais, en aucun cas, les banquiers n'ont eu suffisamment en vue les intérêts français ni ceux de leur clientèle. Il n'ont eu qu'un objectif, c'est de chercher à ne pas faire faire un mauvais placement, pour éviter des reproches ou laperte d'un client sérieux.

En procédant de cette manière, il est exact qu'il y a eu jusqu'à présent peu de grandes pertes, mais il n'y a eu, d'autre part, pour ainsi dire aucun grand bénéfice.

Il ne manque pourtant pas d'affaires de premier ordre dans tous les pays du monde, et spécialement au Brésil, en République Argentine, où des capitaux sagement conduits peuvent rapporter à leur possesseur 15, 20 ou 30 °/₀ de revenu.

Il est vivement à souhaiter que les banques s'occupent un peu de ce genre d'opérations, sans vouloir, bien entendu, les inciter à se jeter sur toutes les affaires présentées dont probablement la plus grande partie serait mauvaise.

Toutes les organisations financières importantes françaises ont actuellement des agents, des succursales, des représentants à Rio-de-Janeiro, à Buenos-Ayres. Les membres des Conseils d'administration de ces Sociétés connaissent presque tous les pays de l'Amérique du Sud, ils y sont allés, ils en savent les ressources.

Ii y a également, à Rio-de-Janeiro et à Buenos-Ayres, pour ne citer que ces villes, une certaine quantité de financiers ou d'hommes d'affaires brésiliens et argentins, possédant une situation sociale et financière de tout premier ordre, connaissant toutes les questions connexes à une entreprise nouvelle, et dont le concours aussi bien au point de vue constitution de sociétés que direction doit donner des résultats excellents.

Il est indispensable qu'une union de plus en plus grande se fasse entre les Banques françaises et ces personnalités pour la création de nouvelles affaires, et que ces nouvelles affaires soient offertes au public dès l'origine, avec un bénéfice légitime pour les promoteurs, pour les financiers et pour le public, et non pas lorsque la moisson a déjà été récoltée par les premiers intermédiaires et par les premiers financiers du début.

En agissant ainsi, les banques rendront un grand service à leur clientèle en leur inculquant peu à peu l'esprit d'initiative et d'entreprise qui manque aux Français.

Elles rendront encore un service plus grand au pays tout entier en lui permettant d'augmenter largement son revenu par des participations sagement réparties dans les grandes affaires sud-américaines.

LES INTÉRÊTS ÉCONOMIQUES FRANÇAIS

PAR RAPPORT AUX

Placements Financiers faits en FRANCE

J'aborde ici une seconde question des plus importantes et des plus graves.

A Rio-de-Janeiro, dernièrement, j'ai dû soutenir une polémique dans le *Jornal do Comercio*, le plus grand journal brésilien, parce que j'avais déclaré, dans une conférence, que les Français n'étaient bons le plus souvent qu'à mettre leur argent dans les affaires, et que c'étaient toujours des étrangers qui profitaient des situations, des directions et des commandes.

Or, lorsqu'un pays comme la France, a encore la chance d'avoir une arme moderne indispensable, l'argent, à sa disposition, ce pays commet une faute grave de ne pas en surveiller l'emploi de telle sorte qu'il reçoive, du fait de ses placements extérieurs, une compensation importante qui puisse, en quelque sorte, contre-balancer son déficit en matière d'échanges internationaux.

Toutefois, mes principes libre-échangistes ne vont pas jusqu'à dire qu'il y a une obligation impérative de ne prêter des capitaux qu'en vue d'autres avantages matériels.

Il faut en effet laisser charbonnier maître chez lui, et si un capitaliste veut placer ses économies en fonds argentins ou chinois, on ne peut l'en empêcher sous prétexte que les douanes argentines ou chinoises ne favorisent pas assez les marchandises françaises.

Mais, sans tomber dans l'exagération, il est bien licite de prétendre à recevoir quelques avantages lorsque l'on peut, avec un bon emprunt ou une forte émission, favoriser un État ou permettre à une Société étrangère de se constituer, et d'obtenir en France la souscription de son capital.

Lorsqu'il s'agit d'emprunts d'État ou de villes étrangères, le

Gouvernement français intervient maintenant presque toujours — à tort ou à raison, je ne veux pas le dire — à tort, si on consulte la liberté individuelle ; à raison, si on cherche à satisfaire les desiderata de quelques personnages haut placés dans la finance et dont l'unique objectif est l'admission à la Cote d'un emprunt ou d'une Société étrangère dans laquelle ils sont intéressés ou, au contraire, le refus d'admission pour ladite Société, s'il faut éviter une concurrence ou combattre un rival.

Il est certain, malheureusement, que pendant ces dernières années, la plupart des affaires étrangères introduites en France, ont été acceptées par les Ministres des Finances qui se sont succédé, non pas uniquement en raison de la valeur de l'affaire, mais surtout à la suite d'influences politiques ou sociales qui ont pu agir et se faire écouter.

Les observations ci-dessus s'appliquent aux grandes valeurs étrangères dont l'introduction dépend du Parquet de Paris, c'est-à-dire du Marché officiel des Agents de Change ; mais les mêmes observations peuvent s'appliquer également et souvent avec plus de force à d'autres affaires proposées par le Syndicat des Banquiers des valeurs à terme et au comptant.

D'autre part, indépendamment des autorisations ministérielles l'admission à la Cote est sujette à l'acceptation du Syndicat des Agents de Change, s'il s'agit du Marché Officiel, et à celle du Comité de la coulisse, s'il s'agit du Marché non officiel.

Dans ces deux corporations toutes-puissantes, les Comités sont souverains juges de l'admission ou du refus d'admission d'une valeur à la Cote. Il n'y a pas de loi égale pour tous et ces Comités sont absolument libres de refuser ou d'accepter suivant leur bon plaisir.

Bien entendu, les influences et les appuis jouent dans ces délibérations un rôle prépondérant et il est loisible de le regretter.

Au Marché de New-York, à celui de Londres, principalement à celui de Londres, les choses ne se passent pas ainsi.

Le Comité du Stock Exchange impose à toutes les valeurs qui veulent être admises aux négociations de la Bourse une série d'obligations légales ou administratives. Si ces diverses obligations sont remplies, le Comité ne refuse jamais la Cote, quel que soit le patronage de l'affaire, ou la manière dont elle est constituée.

Il résulte de cet ensemble de considérations que le marché de Paris aussi bien pour le Parquet que pour la Coulisse, n'a aucune liberté ni aucune sécurité morale quant aux Sociétés étrangères, dont l'admission reste soumise au libre arbitre le plus injustifié, tant des Pouvoirs publics que des Comités de direction de ces deux puissantes corporations.

Il est permis de regretter une fois de plus ce manque de liberté quasi-absolu qui, très malheureusement, est la caractéristique de toute l'individualité française, dans toutes les manifestations politiques, sociales, commerciales, industrielles, financières, etc.

Ceci exposé, je reviens à la question des intérêts français par rapport aux placements financiers étrangers.

Lorsqu'une émission de Société étrangère est faite à Paris, cela ne tient qu'à deux causes : ou bien la Société n'a pas trouvé de capitaux autre part qu'à Paris, ou alors l'affaire a été conçue et mise sur pied par un groupe français, qui veut l'introduire sur le marché de Paris.

Dans l'un et l'autre cas, et d'une manière presque générale, à part les questions d'intérêt financier qui sont en général bien traitées, les autres questions connexes si importantes d'influence matérielle et morale, sont presque toujours mises de côté.

Ainsi, il est presque constant que des Sociétés sous forme anglaise pour des chemins de fer, des Travaux Publics ou toutes autres opérations dans l'Amérique du Sud, ou même au Canada sont largement ou même uniquement financées avec des Capitaux français, et ont des Conseils d'administration exclusivement composés de personnalités anglaises.

Il en a été ainsi depuis vingt-cinq ans avec les Mines d'or du Transvaal, avec les Mines de diamants, etc., etc., dont la majeure partie des capitaux a été placée en France, hélas !...

Excepté pendant ces toutes dernières années, aucune de ces mines n'avait dans son Conseil d'administration un seul Administrateur français, et encore, cela ne fut qu'après de longues négo-

ciations que l'on a pu enfin nommer quelques trop rares administrateurs français parmi nos nationaux.

Je puis parler de cette question avec une certaine compétence,
ayant étudié principalement les mines d'or de l'Afrique du Sud
depuis vingt ans.

Pour toutes les autres affaires que je cite plus haut, il en est de
même, et presque jamais nous ne voyons un Administrateur français faire partie des Conseils d'administration d'une Société anglaise.

Lorsqu'il s'agit d'une Société brésilienne ou argentine, il n'en
est pas tout à fait de même, et souvent nous voyons maintenant
des Français faire partie d'un Conseil d'administration ou en
formant même la majorité. Mais ce sont alors des Sociétés faites
uniquement par des groupes français qui veulent qu'un certain
contrôle soit exercé par leurs compatriotes et encore ce fait est-il
malheureusement trop rare à constater.

Il y a dans cette regrettable désertion de nos intérêts, plusieurs causes qui sont extrêmement peu flatteuses à constater.

A mon avis, les financiers français cherchent avant tout à
éviter, à esquiver les responsabilités ; ils se disent que, si l'affaire
étant dirigée par des Administrateurs anglais, tourne mal, ils
n'auront pas de reproches à essuyer de leurs actionnaires du fait
de l'incompétence d'un Conseil d'administration français. En outre,
les Français, à part certaines exceptions, ne parlent pas anglais,
ne connaissent pas les usages financiers anglais et ne peuvent pas
discuter d'une manière sérieuse dans un Conseil d'administration
tenu à Londres. Ils ne connaissent pas davantage les méthodes
financières anglaises qui, malgré de grands défauts, arrivent,
somme toute, à créer et à faire prospérer des multitudes d'entreprises dans le monde entier.

Ils ont malheureusement très souvent à se rendre compte
qu'ils n'ont pas sous la main de personnes suffisamment compétentes et qualifiées pour assumer une responsabilité sérieuse dans
la direction d'une entreprise étrangère.

Enfin, dans la plupart des cas, les groupes financiers moyens
qui font une affaire d'émission, désirent maintenant qu'on leur

apporte une affaire toute mâchée, toute prête, dont le capital actions soit constitué, même d'une manière précaire, et où ils n'ont à placer eux-mêmes que les obligations.

Ils ne considèrent par conséquent pas assez la marche administrative de la Société, ce qui leur importe assez peu et ne se préoccupent presque exclusivement que des intérêts, des obligataires. Ils cherchent surtout à obtenir qu'en cas de mauvaises affaires, leurs obligataires soient sauvegardés ; ils attachent en général peu d'importance aux actions d'apport ou aux parts de fondateur qui leur sont données comme bonus avec les obligations : ils mettent ces actions dans un coffre-fort et se disent : « Tant mieux si elles prennent de la valeur ; en attendant, faisons notre bénéfice sur le placement des obligations ».

Cette manière de procéder part d'un grand égoïsme général ou financier et d'un « je m'enfichisme » regrettable.

Bien entendu, je ne fais pas ces critiques d'une manière générale, mais elles sont certainement fondées dans une grande quantité de cas et surtout dans le cas des émissions moyennes, faites par des banquiers de second ordre, émissions qui s'adressent principalement au public capitaliste le moins important.

A côté des questions morales et administratives de direction d'une Société, il y a lieu maintenant d'examiner la part faite aux industries et au commerce français dans la plupart des affaires.

On doit également constater, presque toujours, que les commandes de matériel ne sont pas faites en France et que les ingénieurs, directeurs ou administrateurs ne viennent pas non plus de France.

Là, je vais être moins affirmatif, parce que je suis obligé de reconnaître, par une expérience commerciale de plus de vingt ans, que presque jamais la France n'est à la hauteur pour les livraisons de matériel, et encore bien moins en ce qui concerne les questions techniques, les envois d'ingénieurs appropriés, etc.

Si je voulais faire l'exposé complet des raisons qui motivent cette opinion, j'aurais besoin de tout un volume ; on peut résumer peut-être la question par les arguments suivants :

Le système protectionniste à outrance qui régit la France, a permis aux industries françaises de prendre un grand essor uniquement grâce aux commandes nationales; elles n'ont donc pas besoin ni nécessité de rechercher des affaires à l'extérieur.

N'ayant presque pas de concurrence en France, ces industries ne sont presque jamais à la hauteur des progrès industriels des autres pays, et ne cherchent pas non plus à l'être. Elles livrent à des prix supérieurs, voulant faire un bénéfice supérieur.

Indépendamment de la question des prix qui leur ferment de nombreux marchés, elles ne sont guère désireuses de chercher de nouvelles affaires, elles font beaucoup moins de sacrifices, d'essais, d'études, de projets de voyages, etc.

Elles ont enfin entre elles, contre elles, la plupart du temps, une organisation ne leur permettant pas de grandes affaires nouvelles; elles ne sont pas outillées pour l'avenir, mais seulement pour le présent.

Elles ont contre elles les questions de grèves, les questions sociales en général, qui surchargent considérablement les prix de revient en France et découragent les grandes initiatives.

Enfin, elles n'ont pas la facilité des transports ni terrestres ni maritimes.

En un mot, l'industrie française est, en général, tout à fait en retard si on la met en comparaison avec celle des États-Unis, de l'Angleterre, de l'Allemagne, de la Belgique et de la Suisse.

Par conséquent, il n'est pas souvent possible, même en le désirant, de donner des commandes importantes de matériel d'usines, de chemins de fer, de tramways, etc., à des Sociétés françaises.

Il en est de même pour tout ce qui concerne les grandes installations de force motrice, de traction, d'éclairage électrique, etc. La concurrence étrangère battra neuf fois sur dix les offres françaises, et cela dans le monde entier.

Voilà en ce qui concerne les grandes entreprises, où les industries de l'acier, du fer, du cuivre sont en jeu. Lorsqu'il s'agit de travaux de ports, de construction de digues, d'égouts, et en général de tout ce qui concerne ce qu'on appelle les travaux publics, la même observation ne s'applique plus et, au contraire, on peut constater avec plaisir que, depuis plusieurs années, quelques grandes maisons françaises ont pu s'assurer de grands travaux dans différents ports sud-américains, et de grandes lignes de chemins de fer à construire. Il convient d'ajouter que presque toujours les émissions financières faites en France, et corollaires de ces entreprises ont permis le choix d'entrepreneurs français.

En ce qui concerne les Ingénieurs et les Administrateurs d'affaires étrangères, il est également regrettable de constater que nous n'avons pas en France un personnel de premier ordre.

Cela n'est pas tout à fait de notre faute, mais cela tient surtout à la manière dont toutes les grandes affaires françaises ont été constituées à leur origine.

En effet, pour ne citer que les chemins de fer, l'État contrôle personnellement ou financièrement par le moyen des conventions, tous les chemins de fer français.

Ceux-ci, qui jouissent tous d'un monopole, ont élevé petit à petit une pépinière d'ingénieurs, qui tous, depuis les plus petits jusqu'aux plus grands, sont probablement des hommes très bien, très compétents pour le travail spécial qu'ils ont à faire, mais qui ne sont jamais sortis de chez eux, ne connaissent aucune langue étrangère, ne sont pas au courant des méthodes de travail et des procédés des autres pays, qui sont bien où ils sont, et ne cherchent pas à s'expatrier pour améliorer leur situation.

Ces quelques dernières années, la France a bien construit des chemins de fer dans le monde, elle a bien construit ou plutôt fait construire des chemins de fer en Italie, en Autriche, en Espagne, en Turquie, mais ces travaux datent de très loin et ont presque toujours été faits par des entrepreneurs locaux, avec des ingénieurs locaux dirigés par quelques ingénieurs français.

Il y a certainement un petit groupe d'Ingénieurs de ce genre, qui sont des hommes de tout premier ordre. Mais ces Messieurs dépendent de grandes entreprises de constructions et ne sont pas disponibles pour s'en aller à droite et à gauche pour le compte d'autres Sociétés nouvelles.

Il y donc pénurie générale d'hommes qui puissent s'expatrier.

Aussi bien que pour les ingénieurs de chemins de fer, la même observation s'applique aux Administrateurs, Directeurs de Sociétés Étrangères devant résider en Amérique du Sud par exemple, (la même observation s'applique bien entendu pour tous les pays du monde).

Les Français, comme on le sait, n'aiment pas à s'expatrier, et s'ils le font, ils rêvent de revenir après deux ou trois ans en France; ils abandonnent avec facilité une affaire ou un groupe pour en suivre une autre.

Que voyons-nous, au contraire, en Angleterre et en Allemagne pour ne citer que ces deux pays.

Au Royaume-Uni, il y a des milliers de jeunes gens qui partent tous les ans pour les colonies anglaises ou pour de lointaines contrées avec le but de s'y faire une situation, d'y vivre jusqu'à 50 ou 60 ans pour revenir tranquillement finir leurs jours dans la mère-patrie ou même très souvent ne pas revenir du tout et faire souche dans leur nouvelle patrie d'adoption.

Et il n'y a pas seulement que les jeunes gens peu fortunés qui s'expatrient; mais également, des quantités de jeunes gens de bonnes familles, des fils de clergymen, d'officiers, de commerçants, d'industriels; ils savent que les carrières libérales ou autres sont encombrées, à Londres, en Angleterre, et ils ont tellement l'exemple, dans leurs relations ou parmi leurs parents, de fortunes et d'aisance acquises dans les colonies en Amérique, ou qu'ils partent sans hésiter.

Le mouvement de va-et-vient constant produit par cette émigration de bonne volonté a constitué petit à petit pour l'Angleterre (ce qui lui donne une avance presque impossible à rattraper sur toutes les autres nations), une pépinière merveilleuse d'Ingénieurs, de Techniciens, d'Administrateurs, d'Explorateurs, qui peuvent à un moment quelconque prendre une place en vue dans n'importe quelle branche, au moment de la constitution d'une Société.

En particulier, les Anglais se sont fait une spécialité qui n'est égalée que par les Américains du Nord, pour la construction de chemins de fer.

Au Brésil et surtout en République Argentine, presque tous les chemins de fer ont été construits par les Anglais.

Ils ont, par conséquent, acquis une expérience extrêmement grande, qui leur constitue presque un monopole de fait.

Pour les Allemands, la situation n'est pas tout à fait la même, et leur influence s'est plutôt exercée dans les affaires commerciales ou administratives ; la qualité de l'exportation des jeunes gens allemands est un peu moins bonne que celle des jeunes gens anglais, et ce sont plutôt des émigrants de classes moyennes qui vont chercher fortune par delà les mers.

Mais il n'en est pas moins vrai que, dans tous les pays du monde, ce sont les Allemands qui tiennent les plus grosses entreprises de commerce d'exportation ou d'importation, de plantations, de transports maritimes, etc.

Il est facile de se rendre compte que la France est vraiment mal handicapée entre les Anglais qui ont une prépondérance merveilleuse au point de vue des grandes entreprises métallurgiques et techniques, et les Allemands qui ont une prépondérance commerciale parfaitement établie.

Vous voyez donc que notre pays a beaucoup de chemin à faire, non pas pour égaler, ce qui est impossible, mais pour diminuer la distance considérable qui la sépare, à ces divers points de vue, de l'Angleterre et de l'Allemagne.

Il faut donc nous efforcer, dans la mesure du possible, de créer en France une véritable pépinière d'hommes de valeur, prêts à s'expatrier pour de longues années, ne craignant pas les pays chauds, l'abandon de leur foyer, et ayant les qualités morales nécessaires pour vivre correctement et sérieusement dans des pays où la vie est généralement plus relâchée qu'en France et demande, par conséquent, beaucoup d'énergie et de force de caractère.

Pour en revenir à la question qui me préoccupait, j'estime donc que, même avec de la bonne volonté, il n'est pas toujours possible aux Sociétés étrangères d'acheter du matériel en France ou de choisir et d'envoyer du personnel français à l'étranger.

Mais lorsque cela peut se faire, il y a lieu d'insister pour que cela se fasse.

Je suis heureux d'avoir pu constater ces quelques derniers mois, et surtout après mon voyage au Brésil et en République Argentine, que cette politique commence à être appliquée par les Établissements financiers de Paris ayant des succursales ou des agents dans l'Amérique du Sud.

A ces Établissements, que je pourrais citer, je me permets de présenter le faible tribut de mes félicitations; en persévérant dans cette voie, et en y tenant la main avec énergie, il est certain qu'ils pourront arriver petit à petit à augmenter beaucoup l'influence française dans les pays de l'Amérique du Sud et dans diverses Sociétés, où nous avons des capitaux importants engagés.

D'autre part, il reste bien entendu, que cette théorie du placement des Francais à l'étranger doit être subordonnée à la sage administration et à la prospérité de l'affaire, qu'un Établissement financier a le souci et la responsabilité de diriger.

Il ne faudrait jamais, en tout cas, sacrifier l'intérêt de la Société et l'intérêt général de l'affaire au plaisir de passer des commandes à des industriels français ou à l'envoi d'ingénieurs ou d'administrateurs français, qui ne devraient pas rendre les services qu'on doit attendre d'eux.

Il y a là, dans toutes ces questions, à voir l'intérêt français toujours par devers soi, mais subordonné bien entendu à l'intérêt financier, qui est la base de la solidité de l'affaire.

Pour résumer ces indications, je me bornerai à désirer que, lorsqu'une Société étrangère fait appel au capital français, les personnalités financières qui se sont chargées de trouver le capital, recherchent, s'il est possible et avantageux de mettre à la tête de l'affaire des administrateurs français; ensuite, de faire fournir à la Société du matériel ou des produits français à égalité de livraison et de prix, et d'envoyer sur place des gérants, directeurs ou ingénieurs français.

Je veux également appeler l'attention sur le désintéressement trop fréquent, que j'ai constaté auprès d'un grand nombre de banquiers, qui se préoccupent uniquement du cours auquel ils peuvent acheter un titre et du cours auquel ils peuvent le vendre, sans se soucier en quoi que ce soit de la marche ultérieure de l'affaire et de la manière dont les intérêts des actionnaires ou des obligataires seront sauvegardés.

Enfin, à côté des intérêts moraux et matériels, il y a encore lieu de considérer les intérêts purement financiers, non pas au point de vue du rendement et de la solidité de l'entreprise, mais au point de vue purement bancaire.

Dans la constitution ou le placement de nombreuses Sociétés étrangères, presque toujours, neuf fois sur dix, les recettes et l'actif de l'entreprise doivent être à un moment donné en circulation ou représentés en Europe, et, en conséquence, les banquiers émetteurs ou les financiers devraient avoir toujours l'objectif de faire circuler les opérations financières par Paris, au lieu de le faire par Londres, comme cela se fait généralement.

Comme on le sait, le marché monétaire international est à Londres, et il est plus facile dans les pays hors d'Europe de négocier des titres livres sterling, des traites ou des chèques sur Londres que sur Paris.

Cependant, par suite de l'accroissement considérable des placements financiers français dans l'Amérique du Sud, par suite du service énorme d'intérêts et de revenus que ces placements rapportent à notre pays, il y a certainement possibilité de détourner petit à petit, les opérations purement bancaires de remises de chèques, de mandats télégraphiques, de tirages, etc., et les faire passer par le marché de Paris.

Tout cela peut être réalisé si on prend la peine d'insérer, dans les contrats d'origine, des clauses à cet effet.

Je me permets d'attirer très vivement l'attention des grands banquiers et des grandes personnalités financières, qui me feront l'honneur de me lire, sur cette question.

Si elle était sérieusement étudiée et que les différentes idées qui peuvent être émises autour d'elle soit coordonnées, je suis absolument certain que d'ici très peu d'années, on verrait le marché financier de Paris prendre une importance monétaire internationale beaucoup plus grande, ce qui lui amènerait de grandes quantités de bénéfices directement ou indirectement, aussi bien moraux que financiers, et dont l'importance peut devenir incalculable.

L'abonnement au timbre doit être supprimé.

Tout le monde sait que les valeurs étrangères, actions ou obligations, emprunts d'États, paient en France un impôt élevé, et qui est perçu par le fisc au moyen d'une combinaison appelée « l'abonnement au timbre ».

Cet abonnement consiste, pour une Société étrangère désirant avoir des titres négociés en France, à choisir un représentant français, résidant en France, agréé par le Gouvernement, et lequel s'engage à payer pendant une période de trois ans, renouvelable si la valeur continue à être négociée, les impôts établis par les lois des finances.

Ces impôts sont au nombre de trois : il se décomposent ainsi :

1° **Droits de Timbre.** — Ce droit est de 0,06 °/₀ sur le capital nominal des titres circulant en France et non encore appelé au remboursement;

2° **Droits de Transmission.** — Ce droit est de 0,25 °/₀ du capital circulant en France, le capital étant calculé sur le cours moyen des actions pendant l'année;

3° **Impôt sur le Revenu.** — Ce droit est de 4 °/₀ sur le revenu brut payé par la Société, soit sur les obligations, soit sur le dividende.

En résumé, cela fait environ 10 °/₀ du montant de l'intérêt ou du revenu de la valeur.

C'est cher !!!

Sur une obligation rapportant 5 %, cela représente un demi point, c'est-à-dire que le revenu ne serait plus de 4 1/2 %, si le porteur payait lui-même les impôts.

Ces quelques indications de la situation actuelle étant formulées, nous allons voir quelles sont les conséquences qui ont découlé de ce système de haute fantaisie :

> 1° Tout d'abord les impôts qui frappent les titres étrangers sont exorbitants, puisqu'ils atteignent 10 % du revenu ;

En Angleterre, l'impôt sur le revenu n'est au total que de 6 % et encore, sous les précédents Gouvernements, l'impôt n'était que de 5 %.

> 2° La loi implique l'obligation pour la Société étrangère de choisir un représentant elle-même, qui doit faire de multiples et fréquentes déclarations sur le nombre des titres émis, vendus, circulant en France, etc.

Une Société étrangère puissante et sérieuse ne se prêtera jamais à toutes ces entraves et, tout simplement, elle ne cherche pas à avoir ses titres introduits et cotés en France.

Du reste, pour les financiers anglais et américains, ces combinaisons du fisc français sont tellement compliquées, qu'ils n'y comprennent jamais rien, alors même que, pour des raisons financières spéciales ils soient parfois amenés à faire accepter par la Société qu'ils dirigent, de se soumettre aux formalités légales françaises pour avoir leurs titres introduits à la Bourse de Paris.

On peut compter les grandes Sociétés internationales qui ont accepté de passer par toutes ces formalités archaïques et saugrenues, pour être négociées à Paris.

La de Beers et le Rio Tinto sont à peu près les seules grandes valeurs internationales qui sont abonnées au Timbre Français : les chemins de fer américains et canadiens, les chemins de fer argentins ou brésiliens, les grandes Compagnies de navigation, les grandes Sociétés minières ou métallurgiques des États-Unis ou d'Angleterre, les Villes étrangères voulant faire un emprunt, ont préféré abandonner le marché français plutôt que de passer par les fourches caudines de notre pays.

Par contre, les emprunts de deuxième classe, les Sociétés plus ou moins bonnes, plutôt moins que plus, acceptent n'importe quoi pour venir sur le marché français.

Résultat direct : nous n'avons presque jamais les bonnes affaires, mais nous avons presque toujours les mauvaises.

Vous ne pouvez vous figurer le nombre considérable d'affaires de tout premier ordre présentées à des Banques françaises et qui ne peuvent être faites par suite des difficultés de l'abonnement au Timbre.

Par exemple, pour une obligation rapportant 5 °/₀, nous venons de voir que le total des impôts français correspondait à un demi-point, c'est-à-dire que le revenu net de l'obligation n'est plus que de 4 1/2 °/₀.

Comment voulez-vous que les banquiers français puissent avantageusement lutter contre les Anglais ou les Allemands, lorsqu'il s'agit de concourir à la soumission des emprunts étrangers?

Il ne faut pas, en effet, oublier que l'impôt sur le revenu en Angleterre est le principal impôt public, et que, par conséquent, l'acheteur, le rentier, le capitaliste, lorsqu'il voit une émission, ne calcule pas l'income-tax, c'est-à-dire l'impôt sur le revenu qu'il a l'habitude de payer, sur l'ensemble de sa fortune.

Par conséquent, il se borne à voir le prix de l'émission et le montant de l'intérêt proposé sans se préoccuper de l'income-tax qu'il aura à payer à la fin de l'année sur le revenu de sa fortune déclarée par lui.

Tandis qu'en France, le capitaliste paie des impôts formidables de toutes les manières, impôts fonciers, patentes, contributions indirectes, etc.

S'il va chez un banquier souscrire 100.000 francs d'obligations qui devraient lui rapporter 5.000 francs par an et qu'on lui dise, « Pardon, Monsieur, vous avez à payer 500 francs par an d'impôts à l'État » ce capitaliste est furieux et la plupart du temps, il ne placera pas son argent de cette manière-là.

Pour remédier à ce fâcheux état de choses, les Banquiers français, et cela depuis une dizaine d'années, ont malheureusement été amenés peu à peu à présenter à leur clientèle des émissions exemptes d'impôts français et étrangers, de manière à donner un revenu net et déterminé au capitaliste, sans que celui-ci ait à se préoccuper des fluctuations dans les impôts actuels ou futurs que pourraient édicter, les Municipalités, les Gouvernements ou les Sociétés étrangères.

Les premières manifestations de cette nouvelle manière de procéder datent de la guerre russo-japonaise.

A ce moment-là, la Russie avait besoin de beaucoup d'argent (ce n'est pas fini), et pour faciliter ses émissions, elle a accepté, sur les instances des Etablissements de Crédit qui négocièrent ces opérations, de payer elle-même tous les impôts français et également de donner des titres libres d'impôts russes présents ou futurs.

La méthode réussit, et elle a été depuis imitée et suivie d'une manière presque générale par tous les Établissements de Crédit et par les financiers français pour toutes les émissions qu'ils ont négociées.

Le résultat le plus clair de toutes ces combinaisons, a été défavorable au public français, parce que si on lui a donné des titres ne payant pas d'impôts, par contre on les lui a vendus beaucoup plus cher.

Les Banquiers ont en effet été amenés, pour soutenir la concurrence des banquiers anglais principalement, à augmenter les prix auxquels ils pouvaient prendre une émission d'emprunt ou d'obligations, et bien entendu, comme d'autre part les frais d'émission sont beaucoup plus élevés en France qu'en Angleterre, le prix payé par le public est obligé de supporter ces plus-values.

Dans les emprunts de très bonne qualité comme par exemple ceux des villes de Suède, du Danemark, du Japon, les derniers emprunts argentins, le revenu offert au public est véritablement par trop parcimonieux; mais les puissantes Sociétés de Crédit qui prennent ces emprunts sous leur égide, ont une telle force de placement qu'elles arrivent toujours à écouler dans leur clientèle ces titres-là, rapportant à peine, bien souvent, 4 0/0 de revenu net.

L'ensemble de tous ces faits et de ces considérations amène forcement l'observateur impartial à s'étonner que des habitudes aussi néfastes et aussi peu commodes puissent être encore employées dans notre pays.

Il est vrai de dire qu'en France, on ne doit s'étonner de rien et surtout en matière de finance, où l'esprit routinier, l'esprit de monopole est porté à sa plus haute expression.

Depuis des années, on parle de modifier la loi sur l'Abonnement au Timbre.

L'ancien Ministre des Finances, M. Caillaux, avait, paraît-il, un projet tout prêt, qui modifiait de fond en comble cette loi d'abonnement au Timbre, mais ce projet était encadré dans la loi générale de l'impôt sur le revenu et tout le monde sait que cette loi n'a pas été votée et ne le sera pas demain matin.

Actuellement, une commission a été nommée par le Ministre des Finances, et a déjà commencé ses travaux pour présenter ses observations sur le fonctionnement de l'Abonnement au Timbre et sur la manière dont il pourrait être remplacé.

Je ne suis pas dans le secret des dieux, et je ne sais pas ce que cette Commission a demandé ou demandera; mais le simple bon sens indique que cette loi de l'abonnement au timbre doit être absolument et rapidement supprimée ; elle est compliquée, vexatoire, prohibitive, elle empêche les bonnes Sociétés étrangères de venir en France sur le marché de Paris, au grand détriment de ce marché ; elle rend presque impossible la négociation de multiples emprunts d'États ou de Municipalités, qui seraient d'excellents placements pour le public français, et en général, elle est une cause d'entrave perpétuelle, d'inconvénients pour tous les groupes financiers, pour toutes les banques, et pour tout le monde de la finance.

Bien entendu, je ne viens pas demander qu'on supprime radicalement toute loi de finances et les ressources qui en découlent.

Il y a lieu d'obtenir par d'autres moyens de perception pour le budget français, l'équivalent des sommes qui sont actuellement perçues du fait de l'abonnement au Timbre.

Évidemment, l'obstacle qui se présente pour cette perception est que nous n'avons pas en France le système de l'impôt sur le revenu comme il existe aux États-Unis, en Angleterre et en Allemagne pour ne citer que ces trois pays.

Le système des titres au porteur, si utilisés en France, complique encore cette situation.

Par conséquent, il est nécessaire de trouver une formule qui évite autant que possible les fuites et les fraudes, et permette à l'État de recevoir un impôt déterminé sur les valeurs étrangères placées en France.

Évidemment, la question est très difficile à solutionner si l'on veut donner à la finance française toute la liberté dont elle a le plus grand besoin.

Si j'étais ministre des Finances et que je fusse chargé de régler cette question, je procéderais d'une manière bien simple ; je ferais un relevé de toutes les recettes annuelles provenant de l'abonnement au Timbre et je dirais :

« Je dois recevoir un minimum de x..... par an du fait de toutes les Sociétés étrangères placées ou négociées en France. Je chercherais le quotient nécessaire qui doit servir de base de l'impôt que j'aurais à prélever sur toutes ces valeurs. Je ferais ensuite une loi analogue à celle sur les opérations de Bourse et à celle concernant le répertoire, bien connu des agents de change et des maisons de Banque et j'imposerais à tous les Banquiers, Agents de Change, Coulissiers, Agents financiers, Négociants, etc., enfin à tous les intermédiaires, l'obligation d'un répertoire étendu aux opérations financières étrangères, aux émissions, aux paiement et encaissement des coupons, etc.

En résumé, les placements de valeurs étrangères en France se font presque toujours par les mêmes canaux, soit par les Établissements de Crédit, soit par des agents intermédiaires de tout genre. Toutes ces organisations sont faciles à contrôler et à suivre.

En général, il serait possible de les atteindre, dans le cas où elles commettraient des infractions à la loi les concernant, et je pense qu'il serait assez rare d'avoir à constater ces infractions, qui devraient être du reste sévèrement réprimées.

Il est certainement possible qu'un système de ce genre puisse amener quelques déconvenues et difficultés.

Mais quelles qu'elles soient, elles seraient dans tous les cas beaucoup moins importantes que les innombrables difficultés qui proviennent de la loi de l'Abonnement au Timbre.

D'autre part, il est certain que l'adoption de mesures libérales et intelligentes faciliteraient énormément l'éclosion de nouvelles affaires étrangères en France et, par conséquent, augmenterait immédiatement de beaucoup le rendement des impôts à recevoir.

Au surplus, il n'y a pas lieu de craindre davantage pour l'avenir que maintenant. Si un capitaliste veut acheter des valeurs étrangères sans passer par Paris, il peut le faire journellement à Bruxelles, à Londres, à Berlin ; il peut encaisser par lettre chargée ses coupons, les montants de ses ventes, etc.

Le contrôle de toutes ces opérations est impossible, à moins d'avoir un très grand cabinet noir !

Si on imposait, au contraire, à toute Société de crédit, française ou étrangère, domiciliée en France ou y opérant par un agent quelconque domicilié en France, soit pour son siège social, soit pour ses agences ou ses filiales, l'obligation du répertoire pour toutes négociations ou pour tous versements relatifs à des coupons, etc., je crois qu'on pourrait enserrer les capitalistes de manière telle que bien peu d'opérations pourraient esquiver les impôts.

Allant plus loin, je dois même dire que la loi actuelle sur l'abonnement au timbre ne produit pas ce qu'une autre loi plus libérale et plus habile pourrait rendre.

Le fisc français n'a pas pu profiter de multiples grandes opérations de grande importance, négociées à Londres, à Bruxelles, par exemple, et dont les principaux clients sont des financiers ou des capitalistes français.

Citerai-je la Canadian Pacific, la Steel Trust Corporation (dont on a assez parlé pour l'abonnement au timbre, lorsque le titre valait 6:5 dollars) la Rio de Janeiro Light, les Docks de Santos, la Mexico Tramway Light, etc., et, pour citer une valeur toute nouvelle, l'Argentine Railway Cy où des transactions considérables pour comptes de capitalistes français, se font journellement à Bruxelles.

On ne peut se douter, à moins de les connaître par une longue expérience, des transactions boursières ou des longues séries d'émissions internationales, des immenses préjudices de tout genre, de manque à gagner, ou même de pertes que l'institution de l'abonnement au timbre a causés depuis sa création, au marché et aux capitalistes français.

CONCLUSION

J'ai borné cette étude à l'observation de trois réformes principales à souhaiter : seule, la dernière dépend de l'État : celui-ci doit être certainement animé de la meilleure bonne volonté pour améliorer une situation existante, sans diminuer les ressources actuellement assurées.

Mais il peut être plus ou moins activement entraîné à faire modifier la loi actuelle en en présentant une nouvelle à l'agrément des Chambres, selon que des sollicitations énergiques, émanant des personnalités compétentes et influentes, lui seront transmises.

C'est donc à tous les banquiers ou financiers, occupant de hautes situations, pouvant présenter des désidérata avec autorité, que je m'adresse ici.

Ce sont également les mêmes personnes qui peuvent réformer, par leur action directe, par leurs conseils, par leur exemple, les mauvais principes qui faussent, dans de nombreuses affaires financières, les intérêts et les légitimes désirs du plus grand nombre.

Ils doivent se préoccuper de la direction plus active et plus intelligente à donner aux capitaux de placement, en facilitant la création de multiples affaires industrielles, commerciales ou financières, d'importance moyenne, mais néanmoins intéressantes, et qui sont actuellement presque impossibles à créer, par suite de l'absence de tout groupe voulant prendre en mains la constitution de telles affaires.

Il est à souhaiter, enfin, que les puissants de par le monde financier, rendus puissants par la faiblesse des petits, ne se renferment pas dans leur tour d'égoïsme et d'ivoire, et travaillent, comme je le fais moi-même, dans la toute petite mesure de mes moyens, pour l'agrandissement constant de l'influence française au dehors, influence qu'ils peuvent disperser plus facilement que tous autres, en la mélangeant avec l'or français qu'ils distribuent à pleines mains.

Les Banquiers français ont acquis, dans le monde entier, et cela à juste titre, une réputation sans égale d'habileté, d'intelligence et de puissance. Ils doivent encore augmenter ce brillant patrimoine, aux· yeux de nos concitoyens, en contribuant eux-mêmes, au rayonnement de plus en plus nécessaire, de la puissance morale et économique de la France à l'extérieur.

Au moment de mettre sous presse, je remarque un article de M. Alfred NEYMARCK dans le Matin du 22 septembre 1912, et qui donne comme probables les résolutions suivantes, adoptées par la Commission nommée par le Ministre des Finances, et relatives aux réformes concernant l'abonnement au timbre.

Ces résolutions seraient les suivantes :

1° Maintien du régime existant pour les Sociétés anciennes qui y sont soumises et qui désirent la conserver avec faculté pour elles de porter à six années au lieu de trois la durée de l'engagement à prendre par le représentant responsable.

2° *Substitution*, au besoin, *d'un tiers* à la Société contractant un abonnement et au représentant responsable, sous les conditions déterminées par le Ministre des Finances pour assurer les droits dus au Trésor;

3° *Substitution d'un titre* à la Société ou au représentant responsable par la création de comptoirs d'administration et de dépôts de titres, spécialement constitués à cet effet, émettant des certificats représentatifs de titres étrangers déposés dans leurs caisses.

Je me borne à constater que ces réformes, même établies, seraient très loin de donner satisfaction au monde de la finance. Elles ne simplifient rien du tout, mais au contraire, compliquent encore davantage. En outre, il est possible qu'un Comptoir d'administration puisse solutionner la question pour des emprunts d'États, comme les fonds russes, par exemple, mais je ne vois pas bien son fonctionnement pour les multiples affaires industrielles, chemins de fer, etc., qui sont, en réalité, celles qui intéressent spécialement le marché français.

LES

SPÉCULATIONS SUR LES TERRAINS

ET LES

PLACEMENTS IMMOBILIERS

A BUENOS=AYRES ET EN RÉPUBLIQUE ARGENTINE

———————

LES SPÉCULATIONS SUR LES TERRAINS
ET LES
PLACEMENTS IMMOBILIERS
A BUENOS=AYRES ET EN RÉPUBLIQUE ARGENTINE

Dans tous les pays du vieux monde, et même je comprends par vieux monde, les États-Unis (ce qui doit les flatter), depuis une dizaine d'années, un fait brutal s'est révélé.

Les dépenses ont fortement augmenté, les besoins de la vie sont devenus plus luxueux ; par conséquent le public a besoin de plus d'argent pour vivre.

On travaille davantage, d'une manière plus intelligente et plus active qu'autrefois ; on gagne plus, mais on dépense plus.

Les rentiers ne gagnent rien, mais dépensent davantage, donc il leur faut plus de revenus.

Pour avoir plus de revenus, les capitalistes et les rentiers ont deux moyens :

      1° Ou spéculer et augmenter leur fortune ;

      2° Ou ne pas augmenter leur fortune, mais augmenter leurs revenus.

En spéculant, ils ont souvent le chagrin de diminuer leur fortune.

D'où il résulte que beaucoup de rentiers ne veulent pas spéculer.

Mais, au contraire, tous les rentiers voient avec plaisir la possibilité d'augmenter leurs revenus, en changeant la manière de gérer leur fortune.

La fortune qui produit les revenus se décompose en placements immobiliers et en placements mobiliers.

Dans ces notes, parlons d'abord des placements mobiliers.

Ceux-ci sont formés par des valeurs de grand-père, de père ou de fils de famille.

Nous ne parlons que de celles dites de père de famille.

Ces valeurs se décomposent en placements français de rentes sur l'État, d'obligations de chemins de fer, de Crédit Foncier, de valeurs industrielles, etc.

Ce portefeuille français est typique pour le rentier de notre pays.

Si nous prenions un bourgeois anglais ou allemand, ce serait identiquement la même chose dans leurs valeurs locales correspondantes.

Mais, si on avait examiné ces portefeuilles il y a dix ans, et si on les examinait aujourd'hui, on verrait que la décomposition en est à peu près similaire au point de vue de la dénomination des valeurs, mais en est toute différente au point de vue de leur choix.

Petit à petit, et chaque année davantage, on pourrait constater que le capitaliste a remplacé de plus en plus les placements considérés comme absolument de tout repos, comme la Rente Française, les Obligations de chemins de fer et autres, par certaines valeurs industrielles françaises ou étrangères, et surtout par des rentes étrangères donnant de plus forts rendements.

En résumé, si le capitaliste avait une fortune de un million, qui lui rapportait en moyenne 45.000 francs il y a dix ans, et que ce capitaliste ait très bien vécu avec ce revenu à cette époque, aujourd'hui, il ne pourrait plus avoir le même confort ni le même bien-être avec 45.000 francs de rente, car il lui faut 55.000 francs de revenu pour vivre de la même manière.

Il a donc été amené, pour ne pas diminuer son train de vie, à trouver un revenu de 10.000 francs supérieur et, pour cela, il a été obligé de vendre au fur et à mesure les valeurs donnant un très petit intérêt, pour les remplacer par des valeurs d'un revenu plus rémunérateur.

En agissant ainsi et je ne parle ici que du capitaliste extrêmement sérieux, ne faisant que de bons placements, il sera arrivé avec le même capital employé à porter son revenu à 55.000 francs.

Mais en ouvrant ce portefeuille, on constatera qu'il se compose maintenant de rentes de l'Espagne, du Mexique, de la République Argentine, du Brésil, etc., qu'il contient des actions de chemins de fer canadiens ou américains; ou encore quelques actions de mines d'or ou de caoutchouc; des obligations foncières du Brésil ou du Chili, etc.

Cette modification profonde dans la composition de la fortune d'une personne, se répercute sur des centaines de milliers de capitalistes non seulement en France, mais en Angleterre et en Allemagne.

Il est résulté et il résulte journellement davantage de cet ensemble de faits économiques, contre lesquels il est impossible de lutter, que : ·

> 1° Toutes les grandes valeurs, telles que la rente Française, la rente Anglaise, la rente Allemande, les obligations de chemins de fer, et en général tout ce qu'on est convenu d'appeler dans notre pays les valeurs de père de famille, ou ce que les anglais appellent « gilt-edged securities » toutes ces grandes valeurs ont baissé fortement et le capital correspondant à ces valeurs a subi une dépréciation d'au moins 10 0/0 depuis dix ans;

> 2° Par contre, les valeurs Sud-Américaines, les emprunts Argentins, Brésiliens, Mexicains, Chiliens, etc., et toutes les valeurs correspondant à ces pays et que j'ai citées plus haut, ont monté et ont gagné largement en augmentation réelle de capital ce que les valeurs de pères de famille ont perdu.

Voilà donc une situation bien nette pour les capitalistes ayant leur fortune en valeurs mobilières; ils ont modifié profondément leur portefeuille, ils ont augmenté leur revenu et même leur capital, en vendant des valeurs anciennes pour prendre des valeurs modernes.

Qu'a fait au contraire le capitaliste ayant investi sa fortune dans des placements immobiliers ?

La question se divise suivant qu'il s'agit de maisons de rapport à Paris, dans une grande ville, ou de propriétés rurales.

Les maisons de rapport ont monté de prix parallèlement avec les loyers, ceux-ci ayant augmenté d'une manière considérable.

A Paris, tout le monde sait que les loyers ont pris une plus-value d'au moins 20 0/0 depuis dix ans, et cela surtout dans les quartiers de l'Ouest; les anciens propriétaires et ceux qui ont fait bâtir récemment ont profité de cette hausse des loyers, mais les acheteurs actuels d'immeubles, n'en profitent pas parce que la capitalisation est toujours en rapport direct avec le revenu net, et il est presque impossible pour un capitaliste de s'assurer un revenu net bien établi de plus de 4 1/2 0/0.

Par contre, les immeubles de nombreux quartiers ont baissé de valeur et les propriétaires doivent se résoudre à les moderniser ou à les abattre, pour construire de nouveaux immeubles, ou, s'ils les conservent, ils en retirent un revenu moins rémunérateur.

En province, dans les grandes villes, il en est à peu près partout de même.

Mais, à tout bien considérer et toutes proportions gardées, la situation est telle généralement en France, qu'un immeuble de rapport ne rapporte même pas 5 0/0 net.

Si nous passons maintenant aux propriétés rurales, on sait que la propriété foncière en France a évolué d'une manière assez forte pendant les derniers vingt ans.

Tout d'abord, les champs, les terrains d'agriculture jusqu'à la loi douanière de 1892, étaient en baisse régulière, et le rapport des propriétés était tombé à un tel degré que l'on voyait de jour en jour diminuer la fortune immobilière française.

Les fermiers ne payaient plus leurs loyers, les propriétés rapportaient 2 ou 3 0/0 à peine et ne se vendaient plus. Mais la loi protectionniste, néfaste au point de vue des affaires extérieures, a eu au moins ce mérite pour l'agriculture, d'augmenter la valeur de tous les produits tels que le blé, le maïs, l'avoine, le vin, etc., par suite des barrières douanières qui furent élevées et en ont empêché l'importation.

En augmentant la valeur des produits, la valeur des terrains de culture s'est trouvée immédiatement augmentée en proportion, et, petit à petit, la situation s'est considérablement modifiée pour arriver à être aujourd'hui favorable, en général, de telle sorte qu'on peut maintenant estimer que la terre française rapporte par an une moyenne de 5 0/0 à son propriétaire.

Mais il faut tenir compte, dans cette amélioration, des vieilles qualités de la race française au point de vue travail, connaissances de l'agriculture, d'économie, etc., et d'autre part de la grande amélioration des procédés de culture, d'assolement et de récolte.

En ce qui concerne les propriétés d'agrément, les châteaux, les domaines, etc., la situation est actuellement un peu moins mauvaise qu'elle ne l'était il y a vingt ans, mais elle n'est pas encore brillante.

Cependant, il faut constater que, depuis le relèvement des produits d'agriculture, la valeur des propriétés d'agrément s'est un petit peu relevée; d'autre part, l'automobilisme a modifié profondément le régime des habitations en France et des quantités de personnes ont acheté des propriétés en province, ce qu'elles n'auraient pas fait il y a vingt ans, alors que l'automobile n'existait pas.

En quelques lignes, nous venons de jeter un coup d'œil rapide sur la richesse immobilière française; il est indiscutable qu'elle est très bien assise, que les maisons de rapport et les propriétés rurales sont des placements de premier ordre, mais, en étant très généreux, on peut évaluer à un grand maximum de 4 1/2 0/0 la moyenne des revenus que peuvent donner, en France, les placements immobiliers.

Or, nous venons de voir que les capitalistes français ayant des valeurs mobilières, ont profondément modifié la composition de leur portefeuille, puisque, depuis dix ans et avec la même sécurité, ils ont augmenté leur capital et leur revenu.

Au contraire, à de très rares exceptions près, le capitaliste français ayant sa fortune en placements immobiliers n'a pas bougé: tout au plus a-t-il augmenté sa fortune dans une infime proportion mais sans modifier son revenu.

Il y a là une anomalie flagrante qu'il est extrêmement facile de modifier en très peu de temps et de la manière la plus heureuse.

Tout d'abord, il faut se rappeler qu'il y a deux grands obstacles à la plus-value immobilière française :

> 1° C'est d'abord la presque impossibilité de trouver de nouveaux terrains, soit de construction dans les grandes villes, soit pour des domaines ou des cultures en province.

La France est un bon vieux pays où tout a déjà été fait, planté, bâti, acheté, vendu, comme je l'écrivais récemment.

C'est un très vieux et superbe manteau composé de millions de pièces; il n'y a que des reprises à lui faire, sans même trouver la place d'y poser un seul grand morceau nouveau.

> 2° Il faut payer en France des droits de notaire et de transmission qui tuent les affaires de spéculation et autres, parce que ces droits montent presque à 10 0/0 de la valeur de la transaction.

Ces deux causes principales rendent pour ainsi dire impossible l'éclosion de nouvelles grandes affaires, de nouvelles spéculations et d'accroissement de fortune ou de revenu.

Ce qui s'applique à la France, peut en principe s'appliquer à l'Allemagne, à l'Angleterre et sur une moindre échelle aux États-Unis de l'Amérique du Nord. Mais il est cependant permis d'englober sous le même angle ces quatre grands pays où le capital s'est tassé petit à petit de telle manière que les placements immobiliers offrent par devers eux un très petit intérêt pour les capitalistes en quête de moyens d'augmenter leur fortune.

Si, après avoir réfléchi sérieusement aux différents aspects de la situation des capitalistes européens et principalement des capitalistes français, nous portons nos yeux vers l'Amérique du Sud, nous apercevons immédiatement, et cela dans une fulgurante clarté, le changement radical de situation, l'impressionnante plus-value de la propriété immobilière tant urbaine que rurale.

La République Argentine et le Brésil sont actuellement les deux pays du monde où la facilité de faire une vaste et rapide fortune, la possibilité d'obtenir un rendement élevé pour les placements financiers, sont les plus faciles à constater.

Nous ne citons ici ni le Canada ni l'Australie, pays essentiellement soumis aux coutumes anglaises, difficilement assimilables à l'immense majorité des Français.

Nous laisserons de même entièrement de côté le Brésil, car les méthodes, dans ce pays, sont différentes de celles de la République Argentine et elles méritent à elles seules un examen approfondi et une étude spéciale.

Nous ne nous occuperons donc ici que des affaires immobilières, villes et campagne, de la République Argentine.

Tout le monde est au courant de la merveilleuse prospérité de ce magnifique pays.

La preuve la plus vivante de cette prospérité est dans le fait connu de la grande quantité de familles argentines riches et prospères, venant passer quelques mois en Europe et principalement à Paris, ou venant s'y établir et y jetant royalement l'argent à pleines mains.

Toutes ces fortunes, toutes ces richesses ont été gagnées en bien peu d'années et elles ont presque toujours été gagnées dans la plus-value des terres.

Les revenus considérables de toutes ces familles argentines sont produits soit par la vente, soit par la location de terrains agricoles soit par la location d'immeubles de rapport à Buenos-Aires ou dans la République Argentine, en un mot par une suite d'opérations immobilières.

En résumé, en République Argentine, et nous allons étudier la question d'une manière détaillée, on peut compter obtenir raisonnablement un revenu de 9 à 15 0 0 net sur le capital employé en achat de maisons de rapport, et un revenu variant de 10 à 50 °/₀ sur le capital employé à l'achat de terrains pour l'agriculture, sans même faire état de la plus-value inéluctable du prix de tout achat fait dans de bonnes conditions.

Comment un pareil résultat peut-il être atteint et comment une situation aussi magnifique peut-elle ne pas entraîner les capitalistes français à chercher dans l'Amérique du Sud l'occasion de faire fortune rapidement ou l'opportunité de faire des placements de premier ordre et extrêmement rémunérateurs.

La réponse est que :

La République Argentine grandit par bonds successifs, à peine interrompus à des intervalles assez éloignés par un ralentissement d'activité très bref, et, après un léger temps d'arrêt, repart ensuite de plus belle.

Cette prospérité formidable provient de ce que la République Argentine possède un territoire de trois millions de kilomètres carrés, soit plus de cinq fois plus grand que la France et que ce territoire est en grande partie plus fertile que tout autre pays du monde, qu'il produit plus facilement, plus rapidement, plus économiquement les trois grands articles mondiaux, c'est-à-dire le blé, le maïs, la laine ; que le formidable mouvement économique suscité par la République Argentine nécessite pour ce pays des capitaux de plus en plus importants, qui lui sont fournis sans aucune hésitation et en grande quantité par l'Europe, principalement par la France et par l'Angleterre, que la demande est constante pour ces capitaux ; que le rendement élevé qu'ils peuvent produire a normalisé d'autre part des taux d'intérêt élevé, et que les négociants, industriels, agriculteurs argentins payent sans sourciller de 8 à 10 0/0 d'intérêt à leurs banquiers, et cela en donnant des garanties de premier ordre.

Conséquemment, si le demandeur particulier de capital en Europe paie volontiers dans les banques Argentines de 8 à 10 °/₀ pour le capital dont il a besoin pour son négoce ou pour son industrie, le capitaliste ou le propriétaire demandera lui-même facilement de 8 à 10 °/₀ et même plus, comme revenu de ses immeubles ou de ses terres, et le locataire ou le fermier paiera facilement les mêmes intérêts, puisqu'il gagnera lui-même dans son industrie ou par son travail, largement sa vie.

Par conséquent, la première raison du rendement exceptionnel des immeubles loués ou des terrains en Argentine, a comme origine le loyer très élevé de l'argent.

Qu'importe, en effet, à des gens qui doublent ou triplent leur fortune en quelques années, quelquefois en quelques mois, de payer un intérêt élevé, qui, en Europe, empêcherait toute industrie de prospérer ; là-bas, on ne se préoccupe pas beaucoup de l'intérêt à payer, pourvu qu'on ait à sa disposition un capital qu'on puisse faire manœuvrer avec des plus-values rapides et exceptionnelles.

D'autre part, l'énorme fortune publique qui s'est formée successivement en République Argentine a pour origine relativement récente, le fait que d'immenses terrains, considérés il y a peu d'années comme improductifs et sans valeur, ont été gratuitement donnés, dans le courant du siècle dernier, à diverses familles argentines dont les chefs s'étaient distingués soit dans les guerres de l'Indépendance contre l'Espagne, soit dans les révolutions intérieures, soit dans les luttes contre les Indiens.

A cette époque, et même assez récemment, puisqu'on peut citer ces donations jusqu'en 1875, les dons magnifiques faits par la nation argentine en rémunération des services rendus par quelques-uns de ses éminents concitoyens n'avaient qu'une valeur relativement historique. N'ayant pas d'argent à donner, d'honneurs à distribuer, le Gouvernement Argentin, très libéralement, avait accordé, donné d'immenses étendues de territoires dont on ne soupçonnait pas alors la valeur.

Pendant de longues années, ces terrains ne comptèrent pour rien dans les fortunes privées argentines, puisque les propriétaires n'en tiraient presque aucun revenu, et que même souvent ces terrains leur étaient à charge soit par des impôts, soit par des dépenses pour les conserver ou les entretenir ; par conséquent, il y avait là un capital non défini qui dormait, sans pouvoir être monnayé ; mais peu à peu la situation changea et devint au contraire extrêmement favorable, surtout au cours des trente dernières années, vers 1885 époque à laquelle la spéculation sur les terrains devint formidable, et après la panique financière de 1890 qui fut du reste de courte durée, et que nous n'avons pas à étudier ici.

Dans tous les cas, les grandes familles argentines qui avaient reçu ces immenses terrains sans donner en échange autre chose que la gloire de leurs aïeux, commencèrent à en tirer parti.

Les résultats extraordinaires de l'agriculture dans certaines provinces, l'afflux de l'immigration de tous les pays d'Europe, et surtout celle des ouvriers et agriculteurs italiens, permirent des ventes de terrains de plus en plus importantes et à des prix de plus en plus élevés.

Ces terrains étaient mis en valeur immédiatement par les nouveaux arrivants, qui en deux ou trois ans, se faisaient un revenu égal au montant total de leur prix d'achat du début.

En effet, il n'était pas rare, et il n'est pas encore rare aujourd'hui, de trouver des agriculteurs qui obtiennent des récoltes dont l'importance annuelle égale le montant de leur achat.

L'exportation de ces produits agricoles procéda à pas de géants ; les facilités des récoltes et l'abondance de celles-ci, les prix rémunérateurs qu'on en obtenait, même sur les marchés argentins, d'où elles étaient réexpédiées en Europe à des prix beaucoup plus élevés, tout cela permit à tout le monde de gagner largement et de faire rapidement fortune.

Il n'est donc pas étonnant de voir que l'enthousiasme s'empara de chacun pour l'achat de territoires, soit pour les garder et les mettre en valeur, soit pour les revendre avec une forte prime.

Les grands propriétaires fonciers possesseurs d'immenses domaines, appelés « latifundia » (latin *latifundium*) éblouis par les perspectives qui s'ouvraient à leurs yeux, commencèrent par vendre, parcelle par parcelle, une partie de leurs territoires.

Durant ces dernières années, des échanges de terrains sur des surfaces immenses furent ainsi faits. Pendant ce temps, la fortune des premiers propriétaires se mobilisait et se transformait en capitaux disponibles qui étaient employés par eux, soit en Europe, soit dans leur pays dans des industries ou dans des commerces nouveaux, soit au contraire simplement placés par eux dans d'autres terrains urbains ou ruraux, en vue de revenus rémunérateurs ou de pure spéculation.

De cette manière, par une simple progression normale, et correspondant aux revenus que ces terrains pouvaient donner, la valeur de la terre ne cessait de monter. Elle a monté parallèlement aux revenus qu'elle donnait par la culture intensive qu'on pouvait y produire et à la richesse des récoltes obtenues.

Bien entendu, ces résultats ne furent pas uniformes et ne le sont pas davantage aujourd'hui.

Comme dans toute spéculation, il y a lieu de tenir compte de multiples éléments, et la folie des uns permet souvent l'échafaudage de la fortune des autres, en entraînant la ruine des premiers.

Il y a des quantités de personnes qui ont fait tout d'abord de très belles opérations, sur une petite échelle, en choisissant avec soin les terrains, les propriétés foncières ou les maisons dont ils se rendaient acquéreurs, et qui, grisés par leurs premiers succès, doublaient ou triplaient leurs mises sur des terrains moins bien placés, impropres à la culture, éloignés de tout centre, sur des maisons d'un mauvais rapport, et qui, enfin, reperdaient en spéculations nouvelles mal étudiées, les bénéfices réalisés dans leurs premières.

Dans toute opération de grande envergure concernant la prospérité d'un pays, que ce soit au point de vue culture, industrie ou spéculation financière, on peut constater les mêmes phénomènes et quelquefois dix personnes se ruinent dans un pays alors que mille autres y font fortune.

On ne peut répondre à cela que par le proverbe français bien connu : « l'exception confirme la règle ».

Par conséquent, et telle est encore la situation aujourd'hui, et celle qui se produira pendant de longues années à venir, le prix des terrains en République Argentine ne cesse de croître en valeur.

Il en est ainsi, comme il est des immeubles et des maisons de rapport, qui augmentent d'une manière désordonnée, et qui arrivent à ne produire qu'un intérêt vraiment trop petit pour le risque couru.

C'est le même fait qui se produit à Paris ou à Londres, à la Bourse ou au Stock Exchange; par un mouvement de hausse exagéré sur certaines valeurs, on arrive à les capitaliser à des taux tels que leur revenu devient infinitésimal ou même n'existe plus.

Ces réserves faites, réserves qui sont d'ordre absolument universel et psychologique, la plus-value des terres et des immeubles en République Argentine est absolument certaine.

Elle peut être paralysée pendant quelques mois, par suite de récoltes plus ou moins favorables, ou par une situation locale momentanément difficile, mais il n'y a pas de bornes à concevoir à la prospérité des terres de bon rapport tant que celles-ci produiront du blé ou du bétail, et que tous ces produits seront achetés et consommés en Europe; il n'y a pas de doute et personne au monde ne peut soutenir le contraire, que plus l'on va, plus les marchés d'Europe auront besoin de céréales d'outre-mer, de viandes congelées, de laine, en un mot de tous produits que l'Europe consomme sur une échelle de plus en plus grande, tandis que sa production ne peut aller qu'en augmentant très légèrement en ce qui concerne les produits naturels, et ne peut que diminuer en ce qui concerne les troupeaux de bétail et les produits correspondants, la laine, les cuirs, les conserves de viande, etc.

Les surfaces cultivées en République Argentine sont peut-être le dixième des surfaces cultivables; tous les jours de nombreux projets de chemins de fer sont établis, qui apportent dans toute une région la possibilité de transport, par conséquent la possibilité de la production et partant la richesse.

Tous les jours, les provinces de la République Argentine, les Gouvernements locaux desdites provinces, s'efforcent de créer de nouveaux centres agricoles ; ils favorisent et établissent l'irrigation, source de toute la richesse ; ils recherchent des combinaisons propres à attirer et à retenir le colon et l'immigrant, et, par conséquent, en même temps que croît la demande européenne, croît également le facteur de la production.

Bien plus, il est permis d'apercevoir non plus très au loin, mais à une date très rapprochée, l'époque à laquelle les États-Unis de l'Amérique du Nord cesseront d'être les fournisseurs de l'Europe pour les céréales et pour les viandes, celles-ci expédiées soit comme bétail vivant, soit comme conserves, soit comme viande congelée.

Au contraire, l'augmentation de la population nord-américaine, et la richesse immense de ce pays qui rend les habitants de plus en plus consommateurs, vont produire le fait extraordinaire, que, d'ici très peu d'années, les États-Unis deviendront importateurs après avoir été pendant les cinquante dernières années, les plus grands exportateurs du monde ; et même, en cette année 1912, un début dans cette voie a été fait par la République Argentine qui a expédié dernièrement aux États-Unis un chargement de 5.000 tonnes de blé, présage extraordinaire qui doit frapper d'une manière infinie et constante l'esprit de tout économiste !

Or, seul de tous les pays du monde, à part l'Australie dont l'éloignement rend le rôle plus difficile, la République Argentine est en mesure d'augmenter presque indéfiniment sa production.

Seule, cette riche et vaste contrée possède des climats exceptionnels pour toutes cultures, sa terre est merveilleusement fertile et son sol plat permet d'obtenir des récoltes à des prix de revient et de rendement les plus avantageux du monde.

Ses réseaux extrêmement complets de chemins de fer, la facilité d'accès de ses divers ports, l'esprit extrêmement intelligent et industriel de la population, l'autorise à prétendre à devenir le fournisseur de l'Europe, et même le fournisseur des États-Unis.

Ces perspectives ne doivent pas être négligées, et dans tout calcul économique, elles doivent permettre de former la conclusion que ce pays privilégié entre tous ne peut pas voir son élan arrêté, mais tout au plus retenu et retardé pendant quelques mois ou quelques années, ce qui n'est rien dans l'histoire d'un peuple.

En plus de toutes ces conditions exceptionnellement favorables, le Gouvernement et le peuple argentins, formés d'éléments multiples, analogues à ceux qui ont constitué la fortune prodigieuse des États-Unis, ont compris l'avenir qui attendait leur pays et au lieu de profiter dès les débuts de toute cette prospérité en l'imposant d'une manière exagérée, en risquant d'étouffer la poule aux œufs d'or, au contraire le peuple argentin et son Gouvernement ont créé tout un système d'achat et de vente de terrains offrant la plus grande facilité avec le minimum de frais.

Alors qu'il faut payer en Angleterre, en France, en Europe, des droits variant de 5 à 10 0/0 pour le transfert de toute propriété, au contraire, en Argentine, ces droits sont insignifiants puisque pour le transfert c'est-à-dire pour les droits de transmission d'une propriété valant par exemple un million de francs, les frais officiels dus à l'État Argentin sont de 160 francs, alors qu'en France, ils s'élèveraient à environ 100.000 francs.

Ce bon marché exceptionnel des frais de vente immobilière a été très favorable à la transmission de la propriété, qui peut ainsi changer de mains plusieurs fois dans une année sans occasionner à ses acquéreurs des frais divers dont l'importance pourrait être susceptible d'être tenue en compte.

Le régime des hypothèques est établi comme en France et offre les mêmes garanties.

Les achats et les ventes se font de gré à gré sans presque aucune formalité, sauf le transfert des titres de propriété, transfert qui est fait par devant notaire et qui est aussi valide que n'importe quelle opération immobilière faite en France.

L'ensemble de toutes ces considérations favorables, c'est-à-dire les gros revenus des propriétés, la valeur des récoltes produites, les possibilités immenses de développement de terrains et de cultures, la simplicité, la facilité, le bon marché des ventes d'immeubles et de terrains, ont amené naturellement des quantités de capitalistes argentins ou européens à s'occuper desdites affaires.

Mais par suite des tendances généralement très conservatrices des Banques européennes, même de celles opérant en République Argentine, ces opérations de terrains ont toujours été considérées par elles comme d'un ordre trop spéculatif pour qu'elles y intéressassent largement leur clientèle européenne.

Il est résulté de cette tendance générale que les affaires considérables qui ont été faites et qui ont apporté à leurs négociateurs des fortunes énormes, ont été entreprises par des particuliers habitant l'Argentine ou y ayant demeuré, en connaissant les ressources inépuisables, et qui ont consacré tout ou partie de leur fortune à acheter des terrains ou des immeubles.

Depuis 10 ou 20 ans, ces opérations ont rapporté à ceux qui les ont faites, et cela sans presque aucune exception discordante, une plus-value variant du double au centuple du capital qu'ils ont investi dans ces opérations immobilières.

Les Banques et surtout les Banques françaises ont bien participé dans cette énorme prospérité, mais d'une manière infinitésimale et elles ont préféré utiliser uniquement les capitaux qu'elles ont recueillis en France, en Angleterre, en Belgique, sous forme de crédits fonciers ou en créant des institutions hypothécaires, prêtant, à des intérêts variant de 6 à 10 0/0, des capitaux à des Argentins ou des étrangers vivant en Argentine et qui ont gagné cinq, dix ou vingt fois leur capital, pendant que la Banque donnait aux souscripteurs des obligations hypothécaires leur rapportant un intérêt variant de 4 1/2 0/0 à 6 0/0.

En résumé, le capital français pour ne citer que celui-ci, a été largement mis à contribution pour être employé en République Argentine, mais presque exclusivement sous la forme de prêts fonciers.

Ce capital a rapporté un intérêt en soi assez rémunérateur, mais tout à fait inadéquat aux bénéfices faits par les personnes qui ont profité de tous ces capitaux.

L'ensemble de toutes ces considérations permet donc de conclure d'une manière absolument affirmative que, à l'heure actuelle, demain, dans un an et plus tard, des opérations merveilleuses de rendement peuvent être faites en République Argentine, soit sur des immeubles, soit sur des propriétés rurales.

De même que les capitalistes français ont rempli, depuis dix ans, leurs portefeuilles de valeurs mobilières étrangères pour améliorer leur situation et se mettre à l'unisson des exigences modernes et profiter des placements d'aussi bonne qualité et de meilleur rendement, de même, il est absolument utile et avantageux pour les capitalistes qui ont leur fortune en propriétés, de se rendre compte des avantages qu'ils peuvent avoir en mobilisant une partie de leur fortune territoriale en France ou en Europe, et d'en faire le remploi dans des propriétés rurales ou urbaines en Argentine.

En procédant avec prudence, avec sagesse et avec méthode, un capitaliste peut facilement augmenter de 50 0/0 le revenu qu'il a actuellement en France, en consacrant à des propriétés argentines seulement la moitié de son capital utilisable.

Il doublera son revenu et, en outre de cela, il aura dix fois plus de chance de doubler son capital en quelques années en Argentine, qu'il en aura en France en cinquante ans.

Il n'y a donc pour lui aucune hésitation à avoir, mais il doit faire par lui-même une étude générale de l'Argentine, des bonnes et des mauvaises propositions, et ne confier ses capitaux qu'à bon escient.

En ce faisant, il conservera la même sécurité qu'il a eue jusqu'ici, et doublera ses revenus et même son capital en très peu d'années.

Quelques rares personnes françaises ayant voyagé par hasard en République Argentine ou y connaissant des amis, qui les ont guidés et conseillés, ont procédé ainsi.

Il n'est pas d'exemple que ces personnes aient eu à se plaindre de leur manière d'agir, et de regretter l'initiative qu'elles avaient prise; au contraire, elles ont toutes bénéficié considérablement de leur esprit d'entreprise et ont créé autour d'elles, dans leurs relations, un mouvement extrêmement sympathique en faveur des opérations similaires à faire dans la République Argentine.

Enfin, pour donner toute sécurité et tout apaisement aux capitalistes français, il convient de leur répéter que Buenos-Ayres est une ville aussi bien connue et civilisée que la ville de Paris; que si les lettres mettent vingt jours pour parvenir, les communications télégraphiques se font en deux heures; que les grandes banques de Paris ont leur banque correspondante à Buenos-Ayres, travaillant dans les mêmes principes de sécurité pour leur clientèle; que les renseignements peuvent être obtenus instantanément; que les revenus de toutes propriétés sont payés en Argentine mensuellement et peuvent être versés en Europe sans frais pour le bénéficiaire par virements télégraphiques; que les propriétés rurales peuvent être achetées payables en 12, 15, 25, 50 et même 100 mensualités; que les notaires français peuvent servir d'intermédiaires dans toutes les négociations argentines avec les notaires argentins; que les Banques argentines principales, établies elles-mêmes à Paris, ont institué un service de gérance d'immeubles ou de propriété; qu'elles se chargent de la vérification des titres de propriété, de la gérance des immeubles, de la régularité des paiements des locataires, de la transmission des revenus mensuels ou annuels, et cela avec une commission extrêmement modérée; que les titres de propriétés sont remis directement à l'acheteur et cela par l'intermédiaire des Établissements de Crédit à Paris ou des propres banquiers de l'acquéreur; que les achats et les ventes peuvent être faits par télégraphe et avec des délais extrêmement rapprochés sans formalités judiciaires de longue durée; que le service des hypothèques est aussi bien garanti qu'en France; que les droits des mineurs et des femmes mariées et autres peuvent être sauvegardés aussi bien qu'en France; en un mot que toutes les facilités les plus grandes sont données, que les difficultés sont au contraire supprimées, aplanies, etc.

En examinant de près toutes ces circonstances, il est impossible de ne pas s'intéresser à cet énorme mouvement qui enrichit toute la République Argentine et qui enrichira tous ceux qui veulent y prendre part; il résulte clairement pour toutes personnes de bonne foi et impartiales que ces affaires de terrains, soit au point de vue placements à gros revenus, soit au point de vue placements à longue haleine ou spéculations proprement dites, sont des plus intéressantes et méritent d'être étudiées à fond.

Régime spéculatif du capital
dans la République Argentine.

Rapide historique.

C'est surtout à partir de l'année 1872, époque à laquelle le développement du pays commença à suivre une marche ascensionnelle de progrès ininterrompue jusqu'à ce jour, que les manifestations de l'activité économique commencèrent à se faire sentir dans les transactions de terres, et cela principalement dans les provinces de Buenos-Ayres, Entre-Rios, Santa-Fé, Cordoba et Mendoza.

C'est à partir de cette époque que l'on peut percevoir l'importance extraordinaire que devait prendre en Argentine la propriété foncière, et sa prodigieuse et rapide mise en valeur. On retrouve, datant de l'année 1872, des actes passés pour des terres pour l'agriculture, à Pehuajo (province de Buenos-Ayres), vendues à raison de $ 18.000 la lieue carrée, soit environ 40.000 francs (la lieue carrée faisant 2.550 hectares), et qui valent aujourd'hui facilement $ 750.000 ou 1.650.000 francs.

La prospérité de l'agriculture et de l'élevage du bétail, l'affluence ininterrompue des immigrants et le développement général du pays provoquèrent un immense mouvement dans les transactions de biens fonciers, mouvement qui ne cessait d'être favorisé par la hausse continuelle des propriétés, donnant aux premiers acheteurs des bénéfices impossibles à réaliser dans tout autre commerce.

Les capitaux étaient employés à l'achat de maisons et de terrains dans la Capitale Fédérale et de terres dans l'intérieur du pays. A partir de 1895, époque à laquelle la situation financière de la République Argentine prenait une solidité et une importance considérables, ce genre de spéculations s'accentua, et c'est de ce moment que datent beaucoup des grandes fortunes qui existent maintenant dans le pays.

Capital et Épargne.

Ces facilités pour employer les capitaux et l'épargne dans des affaires aussi lucratives que l'achat et la vente d'immeubles, provoquèrent bientôt la constitution d'un système spécial de spéculation. Le manque absolu d'opérations boursières, d'une part, les conditions faciles de l'existence, de l'autre, et les grands bénéfices réalisés, tant par les hommes d'affaires que par la classe moyenne et même par la classe ouvrière, déterminèrent un mouvement constant et grandissant d'opérations d'achat et vente d'immeubles.

L'épargne, par exemple, au lieu d'être déposée à terme fixe pour recevoir un intérêt de 3 1/2 à 4 0/0, était constamment sollicitée de s'employer dans l'achat d'un lot de terrain aux environs de la Capitale Fédérale ou aux environs des capitales provinciales, grâce à de multiples combinaisons de lotissement et de facilités de paiement exceptionnelles ; la plupart des opérations d'importance moyenne se font en effet au moyen du prix convenu, sans intérêts, en 40, 60, 80 ou même 120 mensualités.

Cette manière d'utiliser l'argent des employés et ouvriers a déterminé un fait curieux pour l'économie individuelle. Il est très fréquent de voir un employé qui, ayant acheté en l'année 1900 trois ou quatre lots de terrains à Flores, Floresta, Lanus, Villa Ballester, Belgrano, Olivos ou Banfield, localités toutes voisines de la Capitale Fédérale, est aujourd'hui, en 1912, propriétaire d'une petite fortune, car, ayant payé à cette époque, comme prix moyen, 2 piastres, soit 4 fr. 40 c. la vare de terrain payable en 80 mensualités, il arrive qu'aujourd'hui la varre carrée vaut $ 18 à $ 20, soit 40 à 44 francs, prix comptant.

Les placements de grands capitaux, aussi bien que ceux de la petite épargne, dans la République Argentine, se font depuis 1885, d'une façon régulière, et jamais aucune déception générale ne s'est produite. Les capitaux se sont doublés ou triplés régulièrement, sans aucune difficulté. — La mise en valeur de la propriété immobilière, aussi bien urbaine que rurale, est constante et rapide, et de cette richesse sans cesse renouvelée et augmentant sans relâche, découle le peu de développement qu'ont eu les autres genres de spéculation, les opérations de Bourse par exemple, les spéculations de terres absorbant tout.

Fortunes réalisées dans ce genre d'opérations.

Le nombre des fortunes réalisées en peu de temps, grâce aux opérations de terrains, est incalculable.

Qu'il suffise de donner entre cent autres un exemple caractéristique de la plus-value de biens immeubles.

Mr. F. F. avait acquis en 1905 une bande de terre de un million de vares carrées, à la Villa Devoto, localité située à vingt-cinq minutes de la Capitale Fédérale. — Il avait acheté la terre à raison de $ 1.90 (environ 4 francs) la vare carrée, moitié au comptant, 25 0/0 payable en deux ans et 25 0/0 payable en quatre ans. Une fois l'acte passé, il fractionna la terre en lots de 350 à 700 vares carrées, et ensuite, il les revendit par adjudication, payables en 60 mensualités. — Il vendit toute cette bande de terre à $ 10.00, soit 22 francs la vare, comme prix moyen, réalisant $ 10.000.000 ou 22 millions de francs, ce qu'il avait payé $ 1.900.000 (4.200.000 francs). — En calculant qu'il ait dépensé 200.000 ou 500.000 francs, pour les frais, et $ 100.000 (222.000 francs) en intérêts et commissions, il a donc eu un bénéfice de 17.000.000 de francs, qu'il réalisa en cinq ans.

Actuellement, ces mêmes terres ont une valeur intrinsèque de 40 à 70 francs la vare carrée, car il s'agit de terrains limitrophes de la station du chemin de fer du Pacifique, ce qui revient à dire que les derniers acquéreurs firent également une brillante affaire, puisque, ce qu'ils payèrent 22 francs payable en 60 mois, ils peuvent le revendre aujourd'hui au comptant 70 francs la vare carrée.

Le grand financier Don Ernesto Tornquist, chef de la maison Tornquist et Cⁿ, très connue dans les cercles commerciaux et financiers d'Amérique et d'Europe, aujourd'hui décédé, eut une phrase qui révèle par elle-même la vision très claire qu'il avait de l'avenir de la propriété foncière dans la République Argentine.

On le consultait sur l'opportunité qu'il y avait à acheter une grande étendue de terrains à Belgrano, point distant de douze minutes de la Capitale Fédérale, mais l'acquéreur hésitait, parce que les terrains (3.000.000 de vares carrées environ) lui paraissaient un peu bas de niveau par rapport au Rio de la Plata, et leur prix assez élevé $ 2.40 ou 5 fr. 25 la vare carrée.

« Allez, mon ami, lui dit M. Tornquist, achetez ces terrains à « ce prix, même s'ils étaient dans la rivière de la Plata, achetez ».

De tels terrains valent aujourd'hui de $ 50 à 120 la vare carrée (110 à 264 francs) et les acquéreurs réalisèrent une fortune fabuleuse en les revendant, fortune que divers nouveaux acquéreurs réalisèrent à leur tour tout dernièrement.

Grands avantages offerts

POUR LE PLACEMENT DES CAPITAUX

en propriétés de la République Argentine

Les capitaux européens ont l'occasion d'être employés d'une manière sûre et favorable dans l'achat des biens immeubles de toute description. — Tous les immeubles de rapport, de Buenos-Aires ou d'autres villes, toutes les terres propres à la culture, aussi bien que celles propres aux pâturages, ou celles uniquement d'ordre spéculatif, sont éminemment susceptibles d'une grande hausse.

L'appréciation régulière est en rapport constant et direct avec la fortune de la République Argentine, et n'est pas influencée d'une manière quelque peu tangible par des événements passagers.

CAUSES DE LA PLUS-VALUE.

Une plus-value incessante se produit en raison du développement continuel de l'agriculture, de l'élevage du bétail, l'augmentation régulière de la population, du crédit favorable dont le pays jouit à l'étranger, et de l'affluence des vastes capitaux étrangers accourant sans cesse dans la République Argentine, en quête de placements avantageux et placés, dans les travaux publics, dans les chemins de fer et dans de multiples autres exploitations industrielles. Ces capitaux sont très importants et obtiennent facilement un intérêt minimum de 8 à 12 0/0.

Chemins de Fer

Actuellement, la République Argentine a un réseau ferré de 31.000 kilomètres en exploitation et il y a 2.770 kilomètres de nouvelles lignes projetées. Le capital investi dans ces entreprises dépasse 5 milliards de francs et l'argent français et anglais y compte pour 80 0/0.

L'influence de la création des chemins de fer sur la plus-value des terres est directe et immédiate. Il suffit de savoir qu'il ne se passe pas un mois, sans que des capitalistes étrangers, des financiers du pays et le Gouvernement Fédéral lui-même, ne fassent surgir de nouveaux projets de voies ferrées, dans le but de sillonner un nouveau point du territoire, y apporter la civilisation et le livrer de suite à l'agriculture. Ces chemins de fer exercent une influence immédiate sur l'augmentation de la population. Au fur et à mesure que la ligne de chemin de fer se prolonge, des campements se forment, des fermiers prennent possession d'une parcelle de terre non encore occupée, et la richesse se crée presque instantanément, dans un endroit jusqu'alors inconnu, inculte et inaccessible.

Les exemples de ces plus-values foisonnent ; dans la province de Rio Negro, par exemple, l'hectare de terrain vendu 4 à 5 francs, passa à 100 francs, uniquement du fait de l'arrivée du chemin de fer.

La même fortune favorisera les régions les plus éloignées du pays qui peuvent encore être acquises aujourd'hui pour des sommes insignifiantes pour ainsi dire, et qui, dans peu de temps et cela, forcément, en raison de l'impulsion vigoureuse et incessante que le progrès du pays prend d'année en année, arriveront

à acquérir une valeur qui créera une grande fortune pour l'acquéreur d'aujourd'hui.

STATISTIQUE DE CHEMINS DE FER

En 1872 le réseau ferré argentin était assez modeste. Le
tableau suivant démontre la puissance progressive du pays et justifie par lui-même la plus-value de la terre :

Année 1872. . . . . Kilomètres.   864
  —   1909. . . . .   —   25.551
  —   1912. . . . .   —   31.000

Ces chemins de fer transportent annuellement 36 millions de
tonnes de charge et 50 millions de voyageurs.

IMMIGRATION

La plus grande cause de la plus-value des biens immobiliers
a été l'augmentation de la population productive. A l'accroissement normal du pays vient s'ajouter l'accroissement de l'immigration qui apporte de grands et abondants éléments pour les
travaux de l'agriculture et de l'élevage, source principale des
richesses argentines.

On jugera du développement du pays par les données suivantes, émanant de la Direction Générale de l'Immigration, du
Ministère de l'Agriculture :

Immigrants arrivés dans le pays de 1853 à 1909.

Années.	Immigrants arrivés.
1855-1860, période de 5 années . . .	20.060
1861-1865, — . . .	46.784
1866-1870, — . . .	112.696
1871-1875, — . . .	148.422
1876-1880, — . . .	112.191

Années.	Immigrants arrivés.
1881-1885, période de 5 années . . .	255.185
1886-1890, — . . .	591.383
1891-1895, — . . .	236.252
1896-1900, — . . .	412.076
1901-1905, — . . .	526.030
En 1909, dans l'année	231.084
En 1910, —	289.640
En 1911, —	225.777

Il est exact que, sur le nombre d'immigrants arrivant chaque année, on peut estimer que la moitié au moins ne reste pas et qu'ils retournent dans leur pays d'origine, ou bien parce qu'ils ne sont venus en Argentine que pour faire la moisson, ou qu'ils n'ont pas trouvé de situation leur convenant.

Quant à l'autre moitié, les immigrants qui restent, ce sont en général les meilleurs ; ils achètent pour la plupart de petites terres, ou s'emploient pour des fermiers, dans de multiples exploitations rurales, aidant ainsi par leur travail à l'accroissement de la richesse, et par conséquent à la plus-value des terres.

La situation actuelle pour acquérir des propriétés en Argentine. — Ses avantages.

Culture Agricole

Aujourd'hui les diverses cultures occupent approximativement 21.884.000 hectares, accusant une augmentation de 4 millions d'hectares sur les dernières cinq années. — La récolte durant les trois dernières années, dans les principales régions du blé, du lin, de l'avoine et du maïs, a été relativement maigre, par suite de circonstances adverses, d'un caractère accidentel ; mais ce fait n'a pas empêché que dans l'année agricole actuelle, les semailles de ces quatre produits n'aient couvert une superficie de 12 millions

900.000 hectares, soit 1.200.000 hectares de plus que l'année précédente.

Les pluies excessives ont fait considérablement de tort à la rentrée de la dernière récolte, mais en échange, la production du maïs sera représentée par des chiffres non atteints jusqu'ici. — On peut calculer à 8 millions de tonnes le rendement de cette céréale pour la récolte actuelle, et sa valeur approximative s'élèvera à la somme de $ 443.325.000 ou près d'un milliard de francs. — Par suite de cette production considérable du maïs, la valeur des récoltes du maïs, du blé, du lin et de l'avoine, atteindra approximativement $ 930.000.000 (près de 2 milliards), contre $ 449.000.000 qu'elles avaient atteints l'an passé, soit une augmentation de $ 481.000.000. (Paroles du Président de la République, Dr. Roque Saenz Peña, lors de l'inauguration de la 51e période législative, le 7 juin 1912.)

Ces paroles du Président Saenz Peña, permettent d'espérer d'une manière quasi certaine, une prospérité économique bienfaisante pour le pays tout entier, et qui assurera la fermeté et la continuation de la plus-value des biens immobiliers ou fonciers.

Immeubles de Rapport dans la Capitale fédérale

Les maisons et les terrains sis à Buenos-Ayres, capitale fédérale, offrent des avantages très intéressants pour le placement des capitaux. Il est utile d'étudier l'évolution subie par la valeur de ces maisons et de ces terrains pendant les dix dernières années, et il est aussi intéressant de préjuger de l'avenir qui les attend, avenir certainement très favorable.

Un capital placé dans un immeuble situé dans un quartier central rapporte un revenu variant entre 7 1/2 et 12 0/0, et à ce bénéfice vient s'en ajouter un autre plus grand, qui est celui de la plus-value certaine de l'immeuble en quelques années.

En voici un exemple pris au hasard entre beaucoup d'autres, bien qu'il ne signifie pas grand'chose, car c'est un cas qui se présente journellement.

Plus value dans le Centre de la Ville.

Il y a environ dix ans, le « Nuevo Banco Italiano », établissement important de crédit, essaya d'acquérir à raison de $ 160, soit 352 francs, le mètre carré, un terrain d'environ 1.500 à 2.000 mètres, dans les rues Reconquista et Rivadavia, Plaza de Mayo, dans le centre des Banques et près de la Bourse de Commerce. Le Président du Conseil d'administration eut à lutter pour convaincre les membres de ce Conseil, de l'opportunité de faire cette acquisition, ce à quoi il réussit. Aujourd'hui, ce terrain vaut $ 2.000 la vare carrée (4.400 francs), chiffre qui a été payé par la Banque Anglo-Sud-Américaine et Tarapacà, pour un terrain adjacent, et encore, faut-il remarquer que ce terrain n'est pas un terrain d'angle, comme c'est le cas pour le Banco Italiano.

La meilleure zone pour le placement de capitaux, pour obtenir de bons revenus, est celle comprise entre les rues 25 de Mayo et Coronel Diaz, de l'Est à l'Ouest, et Rivadavia à Juncal, du Sud au Nord, zone que nous pourrions qualifier de « première ». La seconde zone serait celle comprenant le Paseo Colon et General Urquiza, de l'Est à l'Ouest, et de Rivadavia à Caseros, du Nord au Sud.

Buenos-Ayres a aujourd'hui une population de 1.309.685 habitants et est la seconde ville latine du monde, par sa situation topographique, par les progrès de ses services municipaux et ceux des travaux publics, égouts, eaux courantes, éclairage, etc. Située sur les bords du Rio de la Plata, le plus grand port de l'Amérique du Sud, fréquentée par d'innombrables navires, sa population et son commerce s'accroissent sans cesse. Par tous ces avantages, elle constitue un centre social, commercial et industriel de premier ordre. Ses lignes de tramways électriques transportent mensuellement 30 millions de passagers. Elle possède une trentaine de théâtres, d'innombrables music-halls ou cinémas, quantité de cafés, de restaurants, d'hôtels de premier ordre. C'est donc, dans toute l'acception du mot, une grande capitale, plus vivante dans certains quartiers, que Paris ou Londres. Mais il n'en a pas toujours été ainsi, et il n'y a guère qu'une trentaine d'années que ce mouvement tout moderne a remplacé la vie coloniale d'alors, c'est-à-dire celle où personne n'était pressé, où les mules étiques tiraient les tramways et les chars, où le port n'existait pas encore, où les rues étaient des fondrières, où il n'y avait pas d'égouts, où etc..., ...

Il est peut-être utile de jeter un rapide coup d'œil sur le passé de cette ville si moderne aujourd'hui.

Transformation de la Ville.

Comme on le sait, la ville de Buenos-Ayres a été fondée en 1535 par l'Espagnol Pedro de Mendoza et aussitôt la ville fut tracée, comme l'étaient, à l'époque, les cités coloniales espagnoles, en forme de damier.

Malheureusement, à ce moment, personne ne pouvait prévoir le développement considérable du pays tout entier, et de celui de la ville de Buenos-Ayres et, par suite, les rues furent établies d'une manière beaucoup trop étroite, puisque, en général, elles ne mesurent que 10 mètres de large.

Petit à petit, en même temps que la population de Buenos-Ayres se formait et devait augmenter très fortement dans la seconde moitié du xixe siècle, la ville s'étendait de plus en plus, mais les maisons continuaient à être construites sur le même modèle ou à peu près, c'est-à-dire avec un seul étage et avec des cours intérieures, nommées *patios*.

La division en carrés de tous les blocs de maisons (ces blocs sont appelés *cuadras* à Buenos-Ayres) a au moins eu l'avantage de rendre la circulation et la connaissance topographique de la ville extrêmement faciles.

Ce système allait bien tant que la population de Buenos-Ayres n'augmentait pas outre mesure. Mais, depuis les vingt dernières années, la situation s'est profondément modifiée et actuellement, au 30 novembre 1911, la ville de Buenos-Ayres possède une population de 1.350.000 habitants, et celle-ci ne cesse de s'accroître.

La population a procédé par bonds considérables et il en est résulté que les maisons sont devenues trop petites pour contenir les habitants, les bureaux trop exigus pour les affaires de plus en plus importantes qui s'y traitaient, et que la ville a eu besoin de s'étendre de plus en plus, en même temps que par suite du prix croissant des terrains dans le centre, les maisons anciennes étaient démolies pour faire place à des immeubles de rapport à plusieurs étages, et même à 12 et 15 étages, comme à Londres ou comme à New-York.

D'autre part, depuis plusieurs années, la Municipalité de Buenos-Ayres est aux prises avec les plus sérieuses difficultés au point de vue circulation et trafic dans la ville, circulation qui est devenue tout à fait congestionnée; pour remédier autant que faire se peut à tous ces inconvénients, la Municipalité de Buenos-Ayres a décidé de percer deux immenses avenues, dont les projets de tracé ont été établis par M. Bouvard, l'éminent ancien architecte en chef de la ville de Paris.

Ces deux avenues diagonales coupent la cité et aussitôt qu'elles seront commencées, ce qui ne saurait tarder, puisque les premières maisons qui doivent être expropriées ont déjà été achetées par la Municipalité, aussitôt après, une spéculation considérable sur les terrains va suivre, des centaines de maisons nouvelles vont être construites et donneront lieu à des transactions multiples.

Les quelques lignes qui précèdent ont surtout pour but de renseigner le lecteur sur les immenses possibilités qui se présentent et qui vont se présenter dans un délai rapproché pour les nouvelles opérations immobilières de Buenos-Ayres.

Il est important de se rappeler que l'achat et la vente des propriétés, aussi bien rurales qu'urbaines, ont pris, à Buenos-Ayres, une importance telle que toutes autres opérations sont reléguées au second plan.

Les grands journaux de la ville tels que : *la Prensa, la Nacion, la Razon,* etc., publient tous les jours des pages entières d'annonces relatives à des ventes de terrains et de maisons.

Presque toutes les opérations immobilières se font par le moyen des « rematés ».

Le « rematé » est une vente publique, annoncée de toutes les manières possibles, par la publicité la plus grande. Pendant les périodes d'excitation, ces ventes se font toute la journée et même la nuit, et dans de multiples endroits de la ville· les commissaires-priseurs s'appellent « rematadores »; ils offrent à la criée telle ou telle parcelle de terrain dans telle ou telle partie de la ville, à la campagne ou dans les provinces, tout en faisant circuler les plans et photographies, en employant tous les procédés les plus modernes, les plus étranges quelquefois pour exciter les convoitises des acheteurs et obtenir les prix les meilleurs.

En particulier, en ce qui concerne les lots de terrains qui se vendent dans les environs de Buenos-Ayres et qui se divisent par petits lots, achetés la plupart du temps par des ouvriers ou par de petits employés, le « rematé » offre un aspect des plus pittoresques.

Le dimanche, lorsque les ventes doivent avoir lieu, des trains spéciaux complets sont mis gratuitement à la disposition du public qui veut aller visiter les terrains. Un orchestre est situé près de la tente des rematadores et joue ses airs les plus entraînants; ou bien encore, un cinématographe gratuit est installé, et entre deux enchères, des scènes parisiennes très suggestives ou des drames historiques sont représentés, toujours gratuitement, pour retenir et amuser les amateurs de terrains.

Il ne faut donc pas s'étonner que, fixée d'une manière profonde dans l'esprit et le cœur des habitants, la fièvre de la spéculation immobilière soit installée en maîtresse dans toute l'Argentine,

Il faut d'autant moins s'en étonner, qu'à de très rares exceptions près, tout le monde gagne de l'argent et a gagné de l'argent dans ces spéculations.

Il faut, en effet, remonter à la crise de 1890, c'est-à-dire il y a plus de vingt ans, pour voir des pertes sensibles faites par les uns et les autres, et bien entendu, ces pertes sont depuis longtemps oubliées.

Par conséquent, les banques, les sociétés, les capitalistes, les commerçants, les employés et même jusqu'aux ouvriers constamment stimulés par les résultats des ventes et des enchères précédentes, sont toujours prêts à des spéculations nouvelles.

Et cela d'autant mieux que, presque toujours l'achat est payé à raison de 10 0/0 du prix de la propriété au moment de l'acceptation du marché, et le reste à des échéances toujours assez lointaines.

Il arrive même souvent que les acheteurs, à peine avoir dit le « oui » traditionnel, et avoir reçu leur « boleto » (bulletin d'achat) sont approchés par une autre personne qui leur demande immédiatement de racheter ce « boleto » moyennant 10, 15, 20 0/0 de bénéfice.

LOCATION DES MAISONS.

A Buenos-Ayres, la location jouit des garanties les plus libérales.

Le régime de la propriété protège le propriétaire et le met à couvert aussi bien qu'en France.

Depuis 1908, la coutume s'est implantée à Buenos-Ayres que toutes les banques principales aient une section spéciale dans leur organisation, section dénommée « Administration de biens ».

Toutes les grandes banques, la Banque Espagnole du Rio de la Plata et la Banque Française du Rio de la Plata, par exemple, se sont fait une spécialité de ces administrations; elles y trouvent leur intérêt, car elles prennent une commission modique qui varie de 1 1/2 à 3 0/0, et d'autre part, elles peuvent ainsi se créer des dépôts et être en contact pour d'autres affaires avec des propriétaires de biens fonciers en Argentine.

De nombreux autres agents s'occupent des mêmes opérations de gérance d'immeubles et sont installés à Buenos-Ayres; il est donc extrêmement facile, même à distance, de faire gérer une propriété, et comme il a déjà été dit au commencement de cette étude, les loyers sont payables mensuellement.

En outre de cela, la plupart du temps, à Buenos-Ayres, les

baux sont faits sans aucune indication de durée et peuvent être résiliés chaque mois en prévenant simplement un mois à l'avance.

Il faut avouer que ce régime n'est pas très agréable pour les locataires, mais d'autre part, c'est cette facilité qui a permis le grand développement continuel de la spéculation sur les immeubles, puisque toute prospérité argentine a pour corollaire l'augmentation immédiate du prix des loyers.

COMMENT ON ACHÈTE ET COMMENT ON VEND
LES PROPRIÉTÉS FONCIÈRES.

Les opérations de vente et achat de biens immobiliers se font suivant les stipulations du Code Civil. Lorsque le prix est convenu, soit de gré à gré, soit par vente publique, on signe un « boleto » qui indique le prix de vente et tous les détails qui concernent la propriété, la date de délai pour l'enregistrement, délai qui est presque toujours de trente jours; le boleto fait également mention de la somme reçue en compte (8 ou 10 0/0).

Les prix de transfert et d'inscription dans le registre de la propriété est de :

Francs.		Francs.
22.000 à 55.000		23 »
55.000 à 110.000		25 »
160.000 à 220.000		45 »
220.000 à 550.000		65 »
550.000 à 1.100.000		110 »
1.100.000 à 2.200.000		315 »

Ces frais sont exclusivement ceux de l'inscription du titre de propriété. Pour les hypothèques, il existe un tarif plus ou moins égal. Les frais de notaire ne sont soumis à aucun tarif et sont à débattre entre le client et le notaire, quoique l'usage soit de payer 1 0/00. Les timbres pour les titres et les certificats coûtent 1 0/00.

Enregistrement de la Propriété.

Le Code Argentin, plus ou moins établi sur le Code français, donne une garantie indiscutable aux propriétaires.

La seule question est la vérification des titres de propriétés, vérification qui doit être faite par un notaire, lequel doit examiner la validité des titres jusqu'à trente ans en arrière, époque à partir de laquelle ils deviennent inattaquables, pour quelque motif que ce soit.

La loi principale concernant les négociations d'immeubles porte le n° 4087 ; elle a été promulguée le 22 juin 1902. Cette loi décrète l'organisation du registre des propriétés, le régime des hypothèques, des saisies, des interdictions.

Ce service, qui fonctionne admirablement en Argentine, peut ainsi posséder le cadastre légal et juridique de chaque propriétaire ou de chaque personne ayant un titre de propriété quelconque dans l'étendue du territoire de la République Argentine.

Zones intéressantes de la Ville de Buenos-Ayres.

Le développement ininterrompu de la cité, l'exode régulier du centre vers la périphérie pour les classes modestes et pour les personnes aimant l'air et la tranquillité, font qu'il y a toujours à toute époque des terrains plus ou moins à la mode, comme cela se produit du reste dans toute autre ville du monde.

Néanmoins, comme dans les grandes villes de Paris, Londres, Berlin, etc., la tendance est toujours vers l'ouest.

En particulier, les zones actuellement intéressantes à Buenos-Ayres sont celles de Palermo, Flores, Floresta, Belgrano.

Les quartiers se forment petit à petit, les promenades, les avenues, les théâtres, les autres commodités urbaines se construisent et toutes ces localités sont déjà desservies par des tramways électriques.

D'ici très peu de temps, le métropolitain les réunira au centre de la ville, probablement dans un ou deux ans au maximum, de sorte que la valeur des terrains dans ces régions augmentera de cinq ou six fois comparativement avec le prix actuel.

Environs de la Capitale Fédérale.

Une bonne partie de la population de Buenos-Ayres, le travail de la journée terminé, se dirige vers les localités voisines de la ville, à des distances variant de 3 à 20 kilomètres. Il en résulte que la plus-value des terres, suivant ainsi le cours naturel et progressif que suit toute espèce de propriété foncière en République Argentine, deviendra encore plus considérable.

Des gens fortunés, composés en majorité d'Anglais, de Français et d'Allemands, attirés par l'agrément de vivre en dehors de la ville, ont placé de véritables fortunes dans la construction de maisons, villas, châlets et palais tout autour de Buenos-Ayres.

Le terrain, dans des localités telles que Belgrano, Nunez, Olivos, Vicente Lopez, Martinez et San Isidro, au nord, ligne du chemin de fer Central Argentin ; Floresta, Velez Sarsfield, Ramos Mejia et Moron, à l'ouest, ligne du chemin de fer de l'Ouest ; Lanus, Banfield, Lomas de Zamora et Tamperley, au Sud, atteint aujourd'hui une valeur considérable. Des terrains à 100 et 200 mètres de la station, sur les lignes du Nord, valent de 75 à 150 francs la vare carrée ; sur les lignes de l'Ouest, de 45 à 120 francs la vare carrée, et dans le Sud, de 25 à 150 francs la vare carrée.

L'avenir de toutes ces localités est incalculable. Toutes les lignes ferrées sont projetées pour être électrifiées.

La construction des maisons se multiplie et les commodités existantes leur assurent une plus-value qui n'ira qu'en augmentant de plus en plus.

Dans ces localités, une propriété de 60 000 francs donne un revenu mensuel de 600 francs, soit plus de 10 0/0 par an. Les terrains achetés il y a deux ans ont augmenté de 40 0/0 de valeur et leur hausse ne fait que s'accentuer.

Loteada (Lotissement).

Le mot « loteada » est un mot argentin qui dérive du mot « lote », lot, soit une quantité déterminée de terrain.

Les loteadas constituent actuellement une véritable industrie pour les personnes qui s'en occupent, et elles ont rapporté des fortunes aux capitalistes et aux spéculateurs.

En France, nous avons le mot correspondant « lotissement », mais les opérations de lotissements qui se font aux environs de Paris ou dans d'autres villes en France, ont une importance extrêmement faible par rapport aux opérations similaires faites en République Argentine.

En effet, tous les capitalistes, petits et grands, ayant un bon crédit dans les banques, ce qui n'est pas difficile à obtenir dans la République Argentine, se sont occupés avec passion des opérations de lotissements, non seulement dans Buenos-Ayres, mais dans les autres grandes villes comme : Rosario, Bahia-Blanca, Cordoba, et dans d'autres localités des provinces Argentines.

L'opération consiste tout d'abord à acheter un territoire quelconque, bien placé, et à procéder immédiatement à son fractionnement en lots de 300 à 700 mètres carrés, lorsqu'il s'agit de terrains pour la construction de maisons ou de villas, ou bien en parcelles de 5, 10, 15, 20, 30, 50 à 100 hectares, s'il s'agit de terres pour la culture ou l'élevage.

Dans le premier cas, si les terrains sont situés à quelque distance des stations de chemins de fer, il arrive qu'on leur donne le nom d'une nouvelle ville, et l'on procède au tracé de rues, avenues, places, et dans beaucoup de cas, on crée d'abord les moyens de transport nécessaires pour l'aller et le retour à la ville et au centre. Ceci fait, on met les terres en vente publique, comme c'est le cas général, ou bien en vente particulière en faisant usage, comme moyen de propagande, de journaux et de revues.

Les ventes s'opèrent de la manière suivante :

On met en vente publique, par exemple, 100 lots mesurant

chacun 300 à 700 mètres carrés, payables en 40. 60. 80 ou 120 mensualités.

On donne une base à la valeur de la mensualité, base égale pour n'importe quel lot: supposons que cette base soit 15 piastres ou environ 33 francs par mensualité. Par suite des enchères, le prix de la mensualité pourra monter comme type moyen, à 35 piastres par lot et par mensualité, ce qui donnera une moyenne de vente de cinq ou six fois plus cher que le terrain aura coûté au vendeur.

Ce système de vente permet une diffusion extrèmement disséminée de la propriété, en facilitant à un grand nombre d'acheteurs la possibilité d'acquérir, par suite des paiements faits par mensualités, et ces acheteurs réalisent presque toujours de grands bénéfices parce qu'en même temps qu'ils continuent de payer régulièrement leurs mensualités, la valeur des terrains ne cesse en général de s'accroître, et très souvent ce terrain vaut deux ou trois fois le prix auquel il a été vendu, avant que la dernière mensualité ait même été réglée.

On peut donc comprendre que les ouvriers, les employés du Gouvernement et des Administrations, les petits employés, en général tout le monde, acheminent leurs économies vers les achats de terrains payables par mensualités et deviennent ainsi tous petits propriétaires.

Le fractionnement du sol se fait également pour les grandes opérations rurales.

Il existe des milliers d'hectares propres à la culture; dans beaucoup de provinces argentines, les terres se fractionnent en lots de quelques centaines d'hectares qui se vendent à échéances éloignées, deux, trois, quatre ou cinq ans, payables mensuellement.

Ainsi par exemple, un spéculateur achète un terrain qu'il paie 30 piastres l'hectare, payable en deux ans, dans la Province de la Pampa.

L'acheteur se réserve pour lui, par exemple 25 0/0 de la totalité de la superficie du terrain acheté et divise le reste en 100 lots de

100 hectares chacun, soit 10.000 hectares; les 100 lots sont offerts en vente publique sur la base de 50 à 100 piastres l'hectare, suivant la qualité et la situation des terrains.

Supposons que tous les lots soient vendus, le vendeur aura fait un bénéfice considérable et en outre, le lotissement de cette propriété permet à une colonie agricole de se fonder.

Les nouveaux venus cultivent les terres, les font produire et leur donnent une valeur beaucoup plus grande, ce qui permet au premier propriétaire, peu de temps après, de vendre sa réserve de 25 0/0 qu'il avait conservée, quelquefois avec une prime de 200 0/0 sur la valeur totale primitive.

Cette opération se fait couramment dans presque tous les territoires de la République Argentine, mais on peut recommander tout spécialement pour ce genre de spéculations, les provinces de Rio Negro, Missiones, Salta, Jujuy, la Rioja, Catamarca et certaines zones des provinces de Mendoza et de San Juan.

Pour les ventes de lots de terrains, l'habitude est de verser, au moment de l'adjudication, trois mensualités et lorsque l'acheteur a reçu le titre provisoire, il doit encore verser deux mensualités, et les autres versements sont faits jusqu'à ce que le paiement soit complètement terminé.

En général, ces mensualités sont versées dans une banque qui crédite l'acheteur sur un livret correspondant au titre provisoire de la propriété; ce livret contient autant de cases qu'il y a de mensualités à payer.

Si l'acheteur cesse de payer trois mensualités consécutives, il perd, *ipso facto*, tous ses droits, et les paiements effectués deviennent la propriété du vendeur sans aucune possibilité de réclamations particulières ou judiciaires.

Depuis dix ans, et surtout depuis six ou sept ans, les territoires propres à la culture, ont vu leurs prix augmenter dans une proportion formidable.

A ce moment-là, les terres de Rio Negro, de la Pampa, des Missiones, valaient couramment 1, 2 et jusqu'à 5 piastres l'hectare, soit un maximum de 11 francs,

Depuis, les chemins de fer ont sillonné ces contrées, des agriculteurs sont venus, et maintenant les terrains dans ces régions, à proximité des chemins de fer, valent 80, 100, 200 piastres l'hectare ; mais ce qui a été fait il y a dix ans se fait encore aujourd'hui et se fera demain, avec la seule différence que les chiffres du début doivent être changés ; on peut faire ultérieurement un bénéfice proportionnellement aussi grand, mais les prix auxquels on peut acheter ces terres ne sont plus de 1, 2 piastres par hectare, mais de 10, 15, 20 piastres et même 50 piastres dans la province de Rio Negro, par exemple, et de 5 à 20 piastres l'hectare dans les provinces plus au sud, telles que celles de Neuquen et de Santa Cruz.

Chaque province a un genre bien déterminé.

Il y a donc lieu d'étudier chaque cas séparément pour se faire une idée des probabilités de plus-value sur les terres, mais en général, il convient de ne faire de spéculations de territoires que dans les endroits où les chemins de fer sont déjà construits, ou ont, dans tous les cas, la plus grande probabilité d'être construits à bref délai.

Dans les endroits éloignés de tout centre, il faut, en effet, penser que peut-être pendant 10, 20 ou 30 ans, les terrains ne pourront pas être cultivés ni mis en valeur, et que par conséquent, leur vente sera extrêmement laborieuse.

Cette vente ne se fera qu'à des moments de « boom » exceptionnel sur les affaires de spéculation et lorsque des acheteurs, ne trouvant plus rien à des prix possibles dans les endroits rapprochés, risqueront leurs capitaux n'importe où dans l'espérance que le boom continuera encore longtemps.

TERRITOIRES A CHOISIR.

En mettant de côté les considérations qui peuvent pousser spécialement à faire une opération dans telle ou telle région, on peut cependant baser une idée générale en prenant la classification actuelle du territoire Argentin suivant les productions des diverses régions.

Il faut également penser d'une manière générale que le territoire Argentin contient tous les climats, mais dans sa plus grande surface, il est situé sous une zone tempérée convenant à la culture de presque tous les produits agricoles, et cette culture est faite d'une manière plus simple et meilleur marché que dans tout autre pays du monde.

En général, les terrains sont riches, exubérants de sève ; dans beaucoup de régions, ils n'ont même pas besoin d'irrigations ni d'engrais.

Dans d'autres, au contraire, les terrains n'ont acquis la valeur qu'ils ont, que par suite des travaux d'irrigation importants qui ont été faits.

La zone des céréales est une vaste région qui comprend les provinces de Buenos-Ayres, de Santa-Fé, de Cordoba, et de Entre-Rios, également le territoire de la Pampa.

Cette zone a une étendue approximative de 75 millions d'hectares ; elle est traversée, dans tous les sens, par de nombreux chemins de fer et par des voies fluviales importantes.

Il y a dans cette région actuellement une culture intensive qu'on peut évaluer ainsi :

  7 millions d'hectares plantés en blé.
  3 millions   —   —   en maïs.
  1.500.000 hectares plantés en lin.
  1 million d'hectares plantés en avoine.

La même région en 1875 n'avait en tout qu'à peine trois millions d'hectares cultivés, ce qui peut indiquer facilement l'énorme plus-value apportée dans toute cette région.

Les terrains de toute cette zone produisent facilement sans irrigation ni engrais et dans des proportions de rendement inconnues en Europe.

Dans de très nombreux cas, on peut faire deux récoltes par an et certaines régions plantées de luzerne donnent quatre, cinq et même six récoltes par an.

Indépendamment de toutes les cultures ci-dessus, ces régions sont éminemment favorables à l'élevage, et c'est là en majorité que sont constitués les innombrables troupeaux de bœufs et de moutons argentins.

Toutes ces propriétés agricoles en pleine culture sont, soit exploitées par leurs propriétaires eux-mêmes, soit données en location à des colons argentins, espagnols, italiens, etc.

Généralement, les locations se font sous la forme d'un loyer payable par une redevance variant de 15 à 30 0/0 du total de la récolte brute mise en sacs et rendue en gare.

La propriété rurale, dans toutes ces régions, s'est subdivisée de plus en plus, soit par suite de morcellements faits dans les conditions indiquées plus haut, soit par la création de nouveaux centres agricoles ou encore par ventes de lots particuliers.

En résumé, les propriétés agricoles proprement dites qui mesurent de 150 à 300 hectares ont augmenté en nombre dans les huit dernières années de 60.000 à 104.000, soit une augmentation générale de 52 0/0.

Du reste le tableau ci-dessous en indique le détail :

Province	Année 1901	Année 1909	Augmentation
Buenos-Ayres .	29.312	42.965	47 0/0
Santa-Fé. . .	16.736	26.465	56 0/0
Cordoba . . .	14.791	21.171	43 0/0
Entre Rios . .	1.334	11.574	50 0/0
Pampa. . . .	361	2.522	593 0/0

Cette étude succincte des diverses formes que peut prendre soit la spéculation, soit le placement sur les valeurs immobilières en République Argentine, permet cependant d'avoir un aperçu à peu près global de la situation.

En résumé, un capitaliste français peut s'assurer un revenu moyen de 10 0/0 payable mensuellement, sans frais de transfert, ou du moins avec des frais insignifiants, s'il acquiert des propriétés immobilières, soit à Buenos-Ayres, dans les environs, ou dans les villes de province.

En outre, en faisant un choix judicieux, il a les plus grandes chances de voir le prix de son achat augmenter de 20 ou 30 0/0 dans un an ou deux. — Si au contraire, il préfère faire une opération sur des terrains de culture, il peut facilement se faire un revenu de 10 à 15 0/0, en achetant des terrains bien placés et les faire gérer par des agriculteurs payant un fermage déterminé. — Enfin, si un capitaliste ne veut pas obtenir un revenu immédiat, mais au contraire, cherche à doubler ou tripler la valeur de son capital employé dans l'opération, il peut le faire très facilement, soit en proposant lui-même des opérations de lotissement, soit en achetant une propriété pour la revendre dans un moment de particulière prospérité.

De quelque manière que l'on envisage les opérations, elles sont en tous les cas, toutes de premier ordre et peuvent donner facilement le double du bénéfice ou du revenu que l'on pourrait obtenir en Europe et cela sans aucun risque supplémentaire. La République Argentine, comme tout le monde doit le savoir en Europe, n'est pas un pays en décadence, elle est au contraire en pleine prospérité et cette prospérité ne fera que s'accroître.

Les raisons de cette prospérité ont été exposées au début de ce chapitre, et tous les voyageurs, les économistes, etc., qui ont étudié la République Argentine, sont d'accord pour prédire le plus grand avenir à ce pays. — Il n'y a donc pas à hésiter davantage pour s'intéresser à cette question de terrains et de placements immobiliers, et les Français peuvent en toute confiance placer une partie de leurs économies dans ce superbe pays, avec plus de chances que dans toute autre industrie ou affaire étrangère, avec, d'autre part, la même sécurité, et cela avec les mêmes facilités de direction, de surveillance des capitaux et de facilités d'achat et de vente.

IMPRIMERIE CHAIX, RUE BERGÈRE, 20, PARIS. — 17354-9-12. — (Encre Lorilleux).